なにが
みえるのかなあ

絵・なかむらるみ

ゆうごはんを　たべたあと、4さいのあーちゃんは　おとうさんにききました。

「ねーねー、おやまの　うえからなにがみえるの？」

「だったら　こんどのにちようび、いっしょにおやまに　のぼってみようか」

あーちゃんの　やまものがたりは、こうして　はじまりました。

いよいよ　あしたは　にちようび。
あーちゃんは、おやまのじゅんびで　おおいそがし。
「おやつは　なににしようかな。
チョコレートと　あめだまを　おやまでたべたいな～」

「おいおい。おかし　ばっかりじゃいけないよ。
あしたのおひるは　おにくたっぷりのおべんとうにするぞ！」
おとうさんは　はりきっています。

にちようびのあさが、やってきました。
きょうは　とてもいいおてんき。 やまびよりです。
てくてく　てくてく
あるきはじめて　すぐに、わかれみちになりました。
「おーい。 さんちょうてんぼうだいは　こっちだよ」
「あっ！　ほんとうだ。 みちしるべはそっちにむいている。
やまのぼりって、なんだか　むずかしいね」

ガサガサッ　ガサガサッ　ガサガサガサー

しばらく　あるいていると、まえからおとが　してきます。

「しー。しずかに。あのくさやぶのなかを、よーく　みてごらん」

「あ、シカさんが　こっちをみているよ！」

「どうぶつに　おやまで　あったら、

おどろかせちゃいけないよ。そ～っとはなれていくんだよ」

おとうさんが　おしえてくれました。

ヨイショ　ヨイショ
さいごの　きゅうなさかみちを　のぼりおえると、
さんちょうに　つきました。

「わーい！　おやまのてっぺんだ。
みてみてー。 おやまのむこうに、
もっとおやまがみえる。
あのおやまの　てっぺんからは、
なにがみえるのかなあ」

さんちょうで　おひるのじかん。
べんとうばこの　ふたをあけると、おにくがどかん。
「わー！　おとうさんのおべんとうは　ちゃいろばっかりだ～」
「たくさんのぼったから、おにくで　げんきをつけなくちゃ。
つぎは　おかあさんもさそって　なつのおやまに　のぼってみよう」
「うん。もっとたべて、こんどは　あのおやまに　のぼるんだ！」

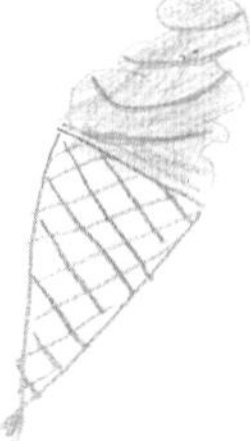

大島に 行ってきました！

いつもは仕事で家にいないお父さん。
週末はたまの連休。家族と一緒に山でも行こう。
計画から実施、思い出作りまで、
あーちゃんを最後まで楽しませせることはできるかな。
そんな山旅を通じて、ポイントはどこかを解説します。
だれだって初めはうまくいかないもの。
失敗を重ねていけば、いつかきっと最高の山旅に。
まずはとにかく行くこと、登ること。
考える前にその一歩を踏み出そう！

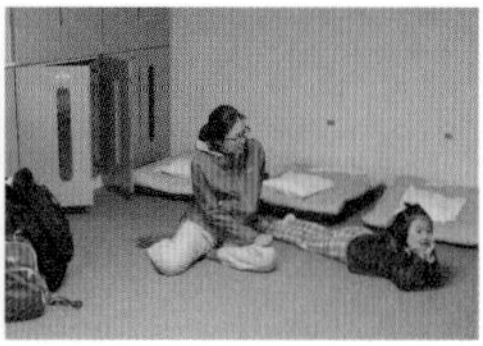

左｜レインボーブリッジの下をクルージング
右｜広い室内でリラックス

竹芝桟橋からは出港する船を眺めることができる。夏には納涼船も出る

パパのもくろみ①

船旅という非日常で子ども心をつかむ！

親子で山さんぽ、しかもお泊まりで、という命を受け、パパははたと考えた。さて、一体どんな山旅がよいのだろう。ただ山に登るだけじゃつまらないし、第一子どもが飽きてしまう。普段と違う山旅とは……そこで思いついたのが、島での山登りというアイデアだ。山に登るというのにあえて海に行き、おまけに船に泊まれるというおまけつき。この意外性、かなりいいのでは？　さっそくあーちゃんに話すと「船に乗るのは初めてだから、すごく楽しみ！」。出発前はあまりに楽しみすぎて、幼稚園でも島の山旅について自慢していたくらいだから、つかみはオッケイ!?

パパのもくろみ②

見たこともない風景でとにかく圧倒する

ところで、東京の島といってもいくつかあるが、今回は都心から最も近い大島に決めた。理由は乗船時間が短いこと、大島・三原山は活火山だという2つから。適度に船旅を楽しみ、あまり疲れない状態で奥多摩や秩父では見ることができない風景を存分に味わってほしいと思ったからだ。砂礫《されき》帯を歩く感触、山頂部からのぞき込む火口、噴き上がる水蒸気……。標高800メートル足らずでこれほどダイナミックな景観を楽しめるのは火山ならではだ。朝6時から行動を開始、眠かったあーちゃんも山に来て走り回っている。我ながらよい山を選んだとほくそ笑む。

左｜山頂部から三原山の火口を望む
右｜山麓には再生が進む樹林帯が広がる

砂礫帯を歩く。石の色にも注意して歩こう

山麓樹林帯で樹木を観察。火山から森ができる様を間近で見れる

パパのもくろみ③

知ったばかりの知識で得点稼ぎ！

山登りは準備で決まる。とくに、家族とはいえ、だれかを案内するとなれば、その山の情報を仕入れておくのは必須である。その意味で、パパはガイド役でもあらねばならない。そこで大島について調べてみた。今から100万年〜数十万年前、3つの火山があったという。3つの火山はやがてひとつになり、約1700年前に水蒸気噴火が発生、それで今の三原山が生まれたという。と、受け売り話を早速山でもしてみたが、あーちゃんもママもひとこと「ふーん」。さすがにとってつけたような説明では心に響かない。けれど、これも役割なのである。

左｜ゴジラのような形で固まった溶岩　**右**｜石の色が異なるのは含まれる成分や冷える過程が違うから

パパのもくろみ④

超裏技！ 温泉卓球で子ども心にスマッシュ！

山旅の楽しみは宿にもある。おいしい食事に露天風呂。このふたつは絶対外せない。調べると三原山の外輪山には大島温泉ホテルがあり、三原山を望める露天風呂がある。食事は地元名産・椿油を使ったオイルフォンデュ。フォンデュか。一緒に料理をすれば盛り上がること間違いなしだな。でも、もうひとつなにかアクセントはないか。温泉といえば……卓球！　ホテルにははたして……と思ったが、あった！卓球台！　当日、食事を終えそれとなく階下に誘い、卓球台に案内する。すると「あ、卓球！　やりたい！」と抜群のくいつき。ふふ、作戦大成功。

意外と盛り上がる温泉卓球。今では台をおく温泉宿も減った

左｜料理を一緒にできる椿油のオイルフォンデュは家族の絆も深まる
右｜旅先ではいつもと違う環境で寝るのもまた楽しみのひとつ

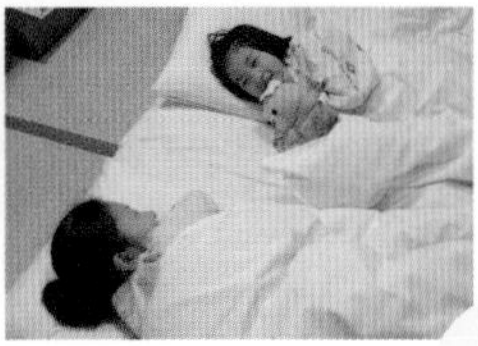

パパのもくろみ⑤

旅といえども、お勉強タイムも大事だよ

旅行なんだから、単に楽しい！　でもよいのだが、どうせ行くなら、なにか学びも得てほしい。検索すると、「伊豆大島火山博物館」があった。火山である大島の成り立ちのほか、岩石標本などもあるらしい。さらにそのそばには地層大切断面があり、2万年間に起きた大噴火の歴史がわかるスポットもあるという。これは、セットにするしかない！　そして迎えた当日。博物館ではシミュレーターでおおはしゃぎ、地層大切断面では「でかいバームクーヘンだ！」とかじるマネを……。あれれ。パパが思ったこととはちょっと違うけど、ま、これもまたいいかっ！

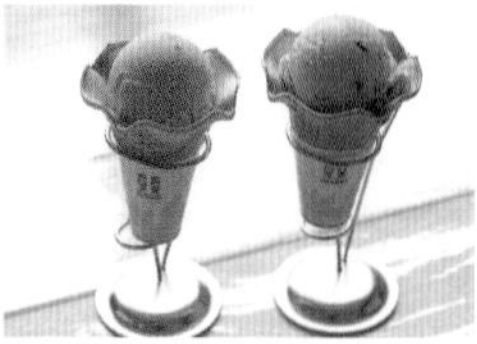

左｜伊豆大島火山博物館は大人も楽しめる充実した展示内容　**右**｜糖分補給には島のアイスクリーム『トリトン』がおすすめ。☎04992-7-5425

地層大切断面で記念写真。高さ約24メートル、長さ約640メートルあり、圧巻

左｜アンコ衣装（大島の伝統衣装）に着替えて記念写真　**右**｜多数の椿があり、色、形が異なる

温室には様々な椿があるので、ぜひ立ち寄りたい

パパのもくろみ⑥

地元観光でママの機嫌も絶好調！

さて、ここまでは子ども中心で考えてきたが、親子で山さんぽを率いるパパとして忘れてならないのは、ママのことだろう。花好きのママが楽しめるものはなにかないか……あった！　椿祭り。もともと大島には椿が自生していて、かつては幕府に椿の炭が献上されていたほど椿との関わりが深く、2020年で椿まつりは65回目。例年1月下旬～3月下旬まで開催されている。なかでも、「都立大島公園」では花はもちろん、イベントも楽しめるとのことなので、行ってみた。「うわ、アシタバ苗が売ってる！　育ててお茶にしよう」なんだか楽しんでいるようでよかった。

パパのもくろみ⑦

お友達へのおみやげタイムも忘れずに

船旅を楽しみ、山に登り、おいしいものを食べ、温泉につかり、卓球をし、勉強もして……これだけでも、もう充分すぎる内容なのだが、最後の最後まで気を抜かず。旅のフィナーレに想定したのはおみやげタイムだ。大島の名産は椿オイル（食用だけでなく、化粧品もあるのでママにおすすめ！）が有名なのだが、ほかにも素朴な味わいの牛乳せんべい、アシタバサンドなどがあるが、個人的には塩（海の精）をおすすめしたい。伝統技術で海水から作った塩は、旨味が凝縮しており、料理の味わいを引き立てる。小さくて軽いところもいい。

さて、なにを買おうかな、と物色中

左｜買ったのはゴジラチョコ。ゴジラは大島生まれ
右｜家に帰ってトランプしたい、とのことでこちらも購入

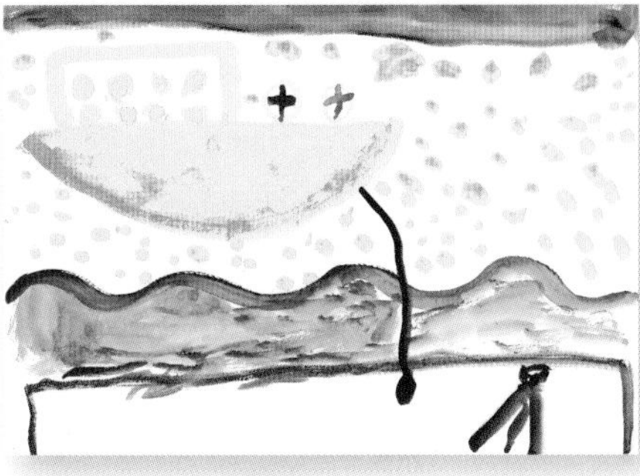

右｜絵が好きな子どもなら、スケッチブックを持参するのがおすすめ　**左**｜旅の思い出を絵にすることで、子どもも旅の印象をまとめることができる

パパのもくろみ⑧

旅の思い出は絵日記も◎

【旅を終えて】　家に帰ってからも、「いつかまた大島に行きたい！」というほどだったので、パパのもくろみはそれなりにうまくいったのかな。てんこもりの旅だったけれど、なにが一番印象に残ったのかな……そんな親の思いを察してかどうか、後日、あーちゃんは旅の思い出を絵日記にしてくれました。テーマは夜の海に浮かぶ船だそうです。初日に眺めた客船、橘丸が印象に残ったようでした。写真もいいけれど、旅の思い出に絵もいいと思いました。写真よりも絵のほうが、本人の気持ちが伝わってくるような気がするからです。

→大島・三原山の地図情報はP74参照

親子で山さんぽ

もくじ
Contents

●絵本
なにがみえるのかなあ …………………… p 1

●巻頭ルポ
大島に行ってきました! …………………… p 9

●親子で山さんぽ 私の場合
岡村家のみなさん………………………… p 16
佐々木家のみなさん …………………… p 18
谷山家のみなさん………………………… p 19

●子どもインタビュー
ぼくもわたしも、山が好き! ……………… p 20

●ミニミニ図鑑
道端がもっと楽しくなる！ **春の花**………… p 138
たまには上を向いてみよう！ **木の花** ….. p 141
そーっと観察してみよう！ **里山の虫** ……. p 142

●登山計画書 ……………………………… p 143

テーマ別ルート37

5テーマ37本のルートのなかから、
家族にぴったりの山をみつけよう

● **まずは自然を歩いてみよう！** ………… p 23
● **移動も楽しい乗り物ハイキング！** ….. p 61
● **スリル満点！ 冒険の山登り** …………… p 83
● **絶景に感動！ 大展望の山** …………… p 101
● **番外編 いつか挑戦したい山** ………. p 115

〝山力〟アップ レッスン帳

山の基本から応用まで。
これであなたの山力アップすることまちがいなし!

●Lesson
1 **心がまえ** リーダーはあなたです …………………… p 124
2 **年齢** 子どもは日々成長します……………………… p 126
3 **チェック** 親の現状把握がとても大切です ………. p 128
4 **山選び** 子ども目線の楽しさをものさしに………… p 130
5 **ウェア** 子どもは暑さ、寒さに弱いのです ………. p 132
6 **登山前** 悪天予報の際は入山厳禁…………………. p 134
7 **登山中** 小股で息が上がらない速さで歩く ………. p 136

●Hiker's note
1 **きっかけ** 並木道から始めよう！…………………… p 56
2 **山ごはん** お手軽！ 山ごはん ……………………. p 58
3 **写真撮影** 写真をうまく撮ろう ……………………. p 78
4 **山道具** アウターとザックについて………………… p 80
5 **歩行** 山での安全な歩き方 ………………………… p 96
6 **危機管理** 山での危機管理 ………………………… p 98
7 **節約** 賢くお金を使う …………………………………. p 112

●Hiker's column
1 **行動中の水分補給**………………………………… p 60
2 **栄養補給①行動食**………………………………… p 82
3 **栄養補給②ランチ** ………………………………… p 100
4 **役立つ小物** ……………………………………………. p 114

紹介ルート インデックスマップ

まずは家の近くから。
だんだん遠いところに足を延ばしていつかは泊まりで山へ！
段階を踏んで山に登っていけば、子どもも山に慣れ、
山旅もどんどん楽しくなってきます！

※ほかにも各テーマごとのミニガイドあり。全37ルートを制覇できればあなたは山マスター！

親子で山さんぽ

私の場合

岡村家

のみなさん

［家族構成］

父：武夫さん（49歳）
母：朱万里さん（33歳）
子：聡大くん（4歳）
子：英恵ちゃん（3歳）
居住地：東京都町田市

Q1 子どもが山登りを始めた年齢は

0歳。

Q2 だれが計画をたてますか

たいてい、山好きのママが計画します！　ベビーキャリアで担ぐことはせず、子どもが歩けないうちは抱っこひもやベビーカーで行ける遊歩道などを選びました。歩けるようになったら、なるべく自分で歩けるような低山やロープウェイで登れる山をセレクトしていますね。雑誌や書籍の低山特集、ネット情報を参考にすることが多いです。

Q3 これまでに歩いた山は

神奈川県の吾妻山、高尾山、大山、箱根駒ヶ岳、山口県の笠山、長野県の八ヶ岳の坪庭などですね。吾妻山（136メートル）は、公園として整備されて

いて、大人の足なら40分程度で登れる山です。下の子を妊娠中に、上の子をベビーカーに乗せて初めて登り、満開の菜の花に感動。先日、歩けるようになった二人の子どもを連れて再登頂してきました。時間はかかったものの、上の子は最後まで自力で、下の子も半分くらいは自分で歩きました。変わらずきれいな満開の菜の花を、成長した子どもたちと楽しみました。

Q4 山で失敗したことについて

当日の天気と体調を見て急に計画することが多いので、支度に手間取って家を出るのが遅くなり、頂上でゆっくりできなかったり、山頂まで登れなかったことです。もっと早く計画を立てればいいんですが、子どもはすぐ熱を出したりするので、なかなか計画通りに行かないのが悩みです。

Q5 親子登山で注意していること

行動食と休憩はこまめにとることです。エネルギーが切れると子どもは途端に歩かなくなったり、ヤル気がなくなるので、立ち止まっておやつを食べるだけの小休止をたくさん取るよう心がけています。

Q6 親子登山で役に立つアイテム

子ども用リュックですね。自分で歩けるようになったら、小さいリュックを持たせています。中身は自分のおやつなど軽いものだけ。自分で背負ったおやつを食べるという強いモチベーションをもって歩いてくれます。

Q7 これから始めるひとにエール

山といっても裾野は広く、よく整備された短い遊歩道などは特別な装備がなくともチャレンジできます。5分歩いてお弁当を食べるだけでも子どもにとっては大冒険で、自分で歩けたという自信がつくようです。遊びの延長で、チャレンジしてみてはいかがでしょう?

親子で山さんぽ
私の場合

佐々木家のみなさん

Q1 子どもが山登りを始めた年齢は

3歳。

Q2 これまでに歩いた山は

宝《ほ》登《ど》山です。家から近く行程時間が短かかったので。またロープウェイがあるので、疲れたらロープウェイで帰るという選択肢もあるので選びました。

Q3 親子登山で注意していること

斜面では親よりも下側を歩かせないこと。大人が前後にいる状態にすること。防寒着は多めに持っていくこと。予定が読めないので時間には余裕をもつことです。

Q4 親子登山で役に立つアイテム

お気に入りのおやつを必ず持参して、「疲れて歩けない〜」と言われたら、「もう少し歩けたら、おやつあげるねー」と言って歩かせます。

Q5 山を通じて子どもが変化したこと

登れたときの達成感が自信につながったのか、家でも食事の準備などを率先してやってくれるようになりました。役割を持つことの楽しさを感じてくれたのではないでしょうか。

Q6 これから始めるひとにエール

私たちは共働きなので日頃ゆっくり子どもと向き合うことがなかなかできません。でも、山に行けば長い時間、子どもと向き合うことができます。成長した部分や逆に子どもらしい部分をはっきりと見ることができます。家族の絆を強くするためには、登山はとってもよい機会だと思っています。

親子で山さんぽ
私の場合

谷山家 のみなさん

［家族構成］
父：宏典さん（41歳）
母：朋子さん（41歳）
子：葉之助くん（5歳）
居住地：東京都調布市

Q1 子どもが 山登りを始めた年齢は

1歳5カ月。

Q2 だれが計画をたてますか

僕（パパ）が計画します。初心者向けの登山ガイド本、あるいはこれまでの自分の登山経験を参考にします。子どもの年齢などによって基準は変わりますが、基本、コースタイムが短めの近郊の低山が多いです。ほかに気にする点として、整備されて歩きやすい登山道、登り下りでケーブルカーなどが使える山、頂上が広々して遊べる、下山後に入浴施設あり、などで

しょうか。ほかの家族と一緒にグループで行くときは、ほかの家族の親も初心者なので、より歩きやすさを重視します。

Q3 山で失敗したことについて

失敗ではありませんが、子どもがとにかくお菓子好きで。休憩のたびに「おなかすいた」とお菓子を食べています。こんなに食べさせてもいいのかな……とときどき思ったりします。

Q4 これから始めるひとにエール

なにより、僕自身山が好きで、そんな登山を子どもも楽しんでくれ、一緒に登れるのがうれしいです。山って懐が広く、だれもが自由に自分の楽しみ方を見つけられます。その意味で、子どもは子どもなりに楽しんでいるようだし、僕は僕で楽しむという〝一緒に山で遊んでいる感〟がよいなと思います。また、子どもと登ることで、僕自身の山を見る視点や楽しみ方が広がっているようにも感じますね。

YOUNOSUKE

谷山葉之助くん（5歳）

――お山のどこが楽しい？
走れること。外で食べるご飯とおやつ！
――お山のどこが嫌い？
転ぶと痛いところ。
――またお山に登りに行きたい？
また登りたい！

［パパからみて］

宏典さん（41歳）
まだ5歳なので、うまく表現できていませんが、山は好きだと思います。山に登ることで、足腰や体幹が強くなりましたね。実際、一緒に登るほかの親からも「ようちゃんは体幹がしっかりしているね」と褒められます（笑）。

SOUTA & HANAE

岡村聡大くん（4歳）英恵ちゃん（3歳）兄妹

――お山のどこが楽しい？
おやつと温泉。
――お山のどこが嫌い？
足が疲れること。
――またお山に登りに行きたい？
行きたい！

［ママからみて］

朱万里さん（33歳）
ときどき思い出したように「またお山行こうね」と言うので、好きなんだと思います。山登りをしたことで、「いつかもっと高い山へ」「次は山頂まで行ってみたい」など、目標を口にするようになったのが変わったところですね。

RISA

濱永量彩ちゃん（10歳）

──お山のどこが楽しい？
高尾山に行った時、
山頂でパパの友達に会えて、
一緒にふもとまで歩けたこと。
みんなについていけたのを
褒めてもらえたこと。
──お山のどこが嫌い？
利尻山で使った携帯トイレが嫌だった。
──またお山に登りに行きたい？
行きたい！

［パパからみて］

量三さん（70歳）
娘自身も話していますが、本人は山登りが好きです。山に入ったり、自然に親しむようになってから、虫を嫌がらなくなりました。多少体が濡れても、気にしなくもなりましたね。

ぼくもわたしも、山が好き！

SAYA

木村紗綾ちゃん（6歳）

──お山のどこが楽しい？
石を飛んだり、走ったりするところ。
──お山のどこが嫌い？
お山での強風。
うちに帰れないと思った。
──またお山に登りに行きたい？
登りたい！

［ママからみて］

彩さん（41歳）
田舎育ちからか、山に限らず、自然が好きなんだと思います。山に行くことで変わったなと思うのは自然を観察するようになったこと。クリスマスプレゼントは顕微鏡が欲しいなんていうくらいでした。

親子で山さんぽ
テーマ別ルート37

山登りの経験がなくたって安心して楽しめるルートをご紹介。
自分に見合った山を見つけて、まずは歩いてみましょう！

Index

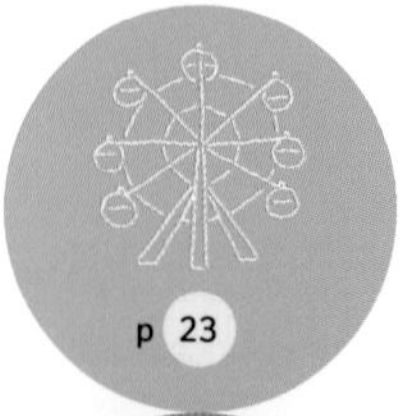

p 23

まずは自然を歩いてみよう！

山登りデビューは公園から。
自然あふれる公園歩きから
体を慣らしていきましょう！

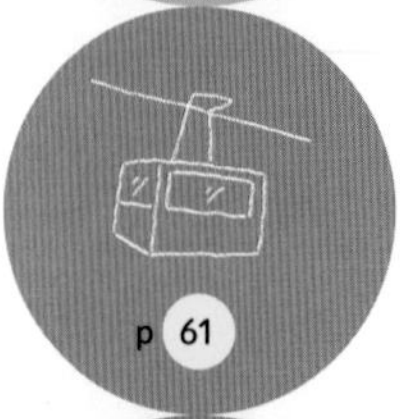

p 61

移動も楽しい乗り物ハイキング！

乗り物を使えば、山登りも
ぐっと気軽に感じてくるはず。
乗って楽しい山登りのご提案。

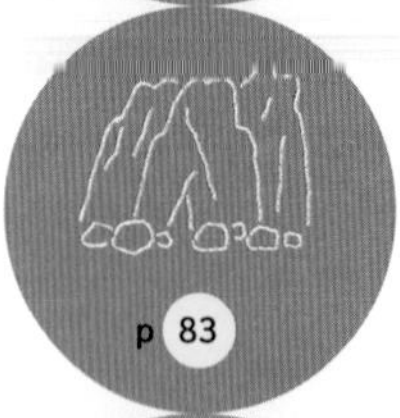

p 83

スリル満点！冒険の山登り

岩に川に滝に……せっかく行くなら
ダイナミックな自然も楽しみたい。
そんなひとはコチラ。

p 101

絶景に感動！大展望の山

大展望に山麓のお花畑……
山でこそ味わえる絶景が
親子登山に彩りを添えてくれます。

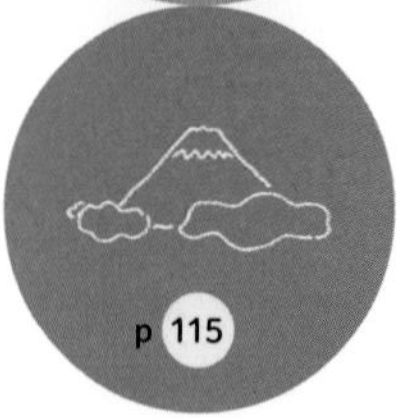

p 115

番外編 いつか挑戦したい山

山登りに慣れてきたら……
いつか挑戦してほしい山を厳選。
山の世界を広げるご提案。

凡例

本書では★の数でレベルを表しています。

体力度

★☆☆☆☆	公園歩き。運動経験なくてもOK
★★☆☆☆	丘陵歩き。ウォーキングレベル
★★★☆☆	1日3時間程度の山歩き
★★★★☆	1日5〜6時間程度の山歩き
★★★★★	1日8時間以上となる山歩き

技術度

★☆☆☆☆	整備された平坦な道路のような場所を歩く
★★☆☆☆	土や岩でできた道を歩く
★★★☆☆	岩や水辺など滑りやすい場所も歩く
★★★★☆	いわゆる登山道を歩く
★★★★★	クサリ、ハシゴなどもある登山道

※本書に掲載している情報は2020年3月現在のものです。実際に登る際には、管轄自治体や交通機関などに連絡し、確認することをおすすめします
※表示のコースタイムは健康な大人が歩いた場合の標準的な歩行時間です。親子で歩く場合は、子どもの個人差、体調のほか、ルート状況などにより、1.5〜2倍程度かかることがあります
※対象年齢は男女差、個人差などによって大きく変わるので、あくまでも目安として使用ください
※標高差は出発点と最高到達点のおおまかな標高差を示したものです。アップダウンを含めた累計標高差ではないことにご注意ください
※各地域の山は該当地域で発行の印刷物やウェブサイトが充実している場合が多いです。登山時には、該当地域に問い合わせせることをおすすめします
※番外編で紹介している山は本格的な登山対象の山です。充分な体力、技術、経験を身につけてから入山してください
※夏季は熱中症に、冬季は凍結や降雪、低体温症、高山では高山病などに注意して山登りを楽しんでください

まずは自然を歩いてみよう！

親子で山さんぽの第一歩は山や自然に慣れること。
そのためには、いきなり山登りをするのではなく、まずは近場の
公園や丘陵帯を歩くのがおすすめです。
アトラクションも含めた山行計画を立てましょう。

- 神奈川県 **こどもの国** 自然に親しむ、はじめの一歩／3歳〜 …… p 24
- 神奈川県 **相模嵐山** 山に船にアトラクションに盛りだくさん！／4歳〜 …… p 28
- 埼玉県 **加治丘陵** ムーミン谷だけもアリ！ 静かな丘陵、森歩き／4歳〜 …… p 32
- 埼玉県 **天覧山** 展望と縦走を楽しめる本格登山の第一歩／4歳〜 …… p 36
- 神奈川県 **六国峠** 遊具に動物園に森歩きに充実の休日を／4歳〜 …… p 40
- 東京都 **高尾山** 一度は訪れたい大人も子どもも満足の山登り／5歳〜 …… p 44
- 神奈川県 **三浦丘陵** 戦跡巡りもたまにはいいじゃない？／4歳〜 …… p 48
- 神奈川県 **陣ヶ下渓谷** 横浜市唯一の渓谷歩きは水遊びもできる！／3歳〜 …… p 52
- 千葉県 **マザー牧場・鹿野山** 牧場に一日いてもよし。少し歩いて鹿野山もよし／3歳〜… p 52
- 神奈川県 **弘法山** 桜咲く時季がベスト！ お花見ハイクに最適／4歳〜 …… p 53
- 神奈川県 **渋沢丘陵** 歩き通せたら一人前。状況にあわせてルートを作れる／5歳〜 …… p 53
- 東京都 **小野路宿フットパス** 里山と歴史を訪ねるさんぽみち／3歳〜 …… p 54
- 神奈川県 **浅間山** 温泉だけじゃない星の王子さまミュージアムも！／5歳〜 …… p 54
- 静岡県 **沼津アルプス** 海の幸をごほうびに本格縦走路に挑戦！／5歳〜 …… p 55
- 東京都 **裏高尾** 裏の高尾は表とちがってなかなか手強いぞ！／5歳〜 …… p 55

神奈川県 こどもの国

モデルルート

こどもの国駅
▼ 約5分
奈良山公園
▼ 約35分（尾根路往復）
奈良山公園入口広場
▼ 約15分
こどもの国正面入口
▼ 約1時間5分（3キロコース）
こどもの国正面入口
▼ 約15分
こどもの国駅

「奈良山公園」の尾根路を下る。多摩丘陵の雑木林がそのまま残っている

1｜長津田駅からはうし電車に乗って、こどもの国駅へ　2｜牧場ではたくさんの羊と合える。エサ1カップ100円　3｜牧場向かいの見晴らし台からの眺めがいい　4｜子どもが疲れた時用に、抱っこ紐があると万全

5｜秋～冬の雑木林はどんぐりがたくさん落ちている　6｜牛舎ではホルスタインやジャージー牛を見ることができる　7｜下りなど段差が大きい場所は抱っこしてあげよう　8｜「奈良山公園」には広いステージが　9｜ごほうびにソフトクリーム！

〝山登り〟への、楽しいはじめの一歩

初めての山歩きは、親にとっても子どもにとっても楽しい思い出にしたい。そこでおすすめなのが、横浜市青葉区にある『こどもの国』。ここは多摩丘陵の雑木林を生かした遊び場で、園内には牧場やこども動物園、アスレチック、湖上ボート、ミニSLなどもある人気の施設である。もうひとつはこどもの国駅の南側にある「奈良山公園」。里山をぐるりと囲む、自然豊かな公園だ。遊具などはないが、里山の尾根に沿った散策路があり、手軽に山登り感覚を味わえる。距離が短いので、3歳ほどの子どもでも登り切ることができる。

まずはこどもの国駅から左手に進み、「奈良山公園」へ。尾根路をゆっくりと進む。南端まで出ると眺めがよい。貯水池まで下るとベンチがある。少し休憩し、もと来た道を戻ろう。

今度は駅前を通りすぎ、『こどもの国』へと向かう。まずは外周道路を歩いて、牧場まで行こう。牛・羊のエサやりを体験したら、再び外周道路に戻る。園内には楽しい遊び場が多いので、子どもの興味に合わせて行動しよう。

Data

場所：横浜市青葉区・東京都町田市
時間：約2時間15分　標高差：約40m
対象：3歳～　適期：通年
レベル：体力★☆☆☆☆／技術★☆☆☆☆

ここがポイント!

こどもの国

1959年4月の皇太子殿下（上皇さま）のご結婚を記念して、1965年に開園した、児童厚生施設。アップダウンのある4キロの外周道路、2.4キロの内周道路など、多くの散策路が張り巡らされている。正門を入るとすぐにレストランがあり、ここでランチをとるといい。9:30～16:30（15:30最終入園、季節によって変更）。水曜定休(祝日の場合は開園)。大人600円。

ここがポイント!

奈良山公園

こどもの国駅の南側にある公園。派手な遊具などはないが、雑木林の里山をゆっくり散策できる穴場スポットである。尾根路のほかにも散策路がたくさんあるので、行きと帰りに違う道を通ることができる。広い芝生の広場とステージもある。入場自由。

ごほうび

みちぱん こどもの国店

「奈良山公園」の南側の線路沿いにある、家族連れに人気のパン屋さん。焼きたて、揚げたて、作りたてにこだわった、フワフワもっちりパンを味わえる。牛やコアラ柄がかわいいパンなど、総菜パンの種類は豊富。無料のコーヒーやテラス席もうれしい。8:00～19:00（土曜は7:00から）。月・祝日定休。☎045-963-1101

アクセス

往復　［公共交通］

東急こどもの国線 こどもの国駅

往復　［マイカー］

東名高速道路 横浜町田IC
または 横浜青葉IC

▼　約8km 約20分　▲

こどもの国

※こどもの国正面駐車場が便利だが、土・日・祝日は混雑するため電車・バスの利用がおすすめ。

［問い合わせ先］
こどもの国☎045-961-2111
横浜市コールセンター☎045-664-2525
東急お客さまセンター☎03-3477-0109

トイレ情報

こどもの国駅内、「奈良山公園」内、『こどもの国』園内、それぞれトイレがあるので、心配はない。『こどもの国』では、ミルクプラント2階など4カ所に授乳室も設置。

コンビニ・スーパー

こどもの国駅の目の前にコンビニがある。「奈良山公園」の前にも大型スーパーの三和がある。『こどもの国』園内には、売店が数箇所あるので、困ることはないだろう。

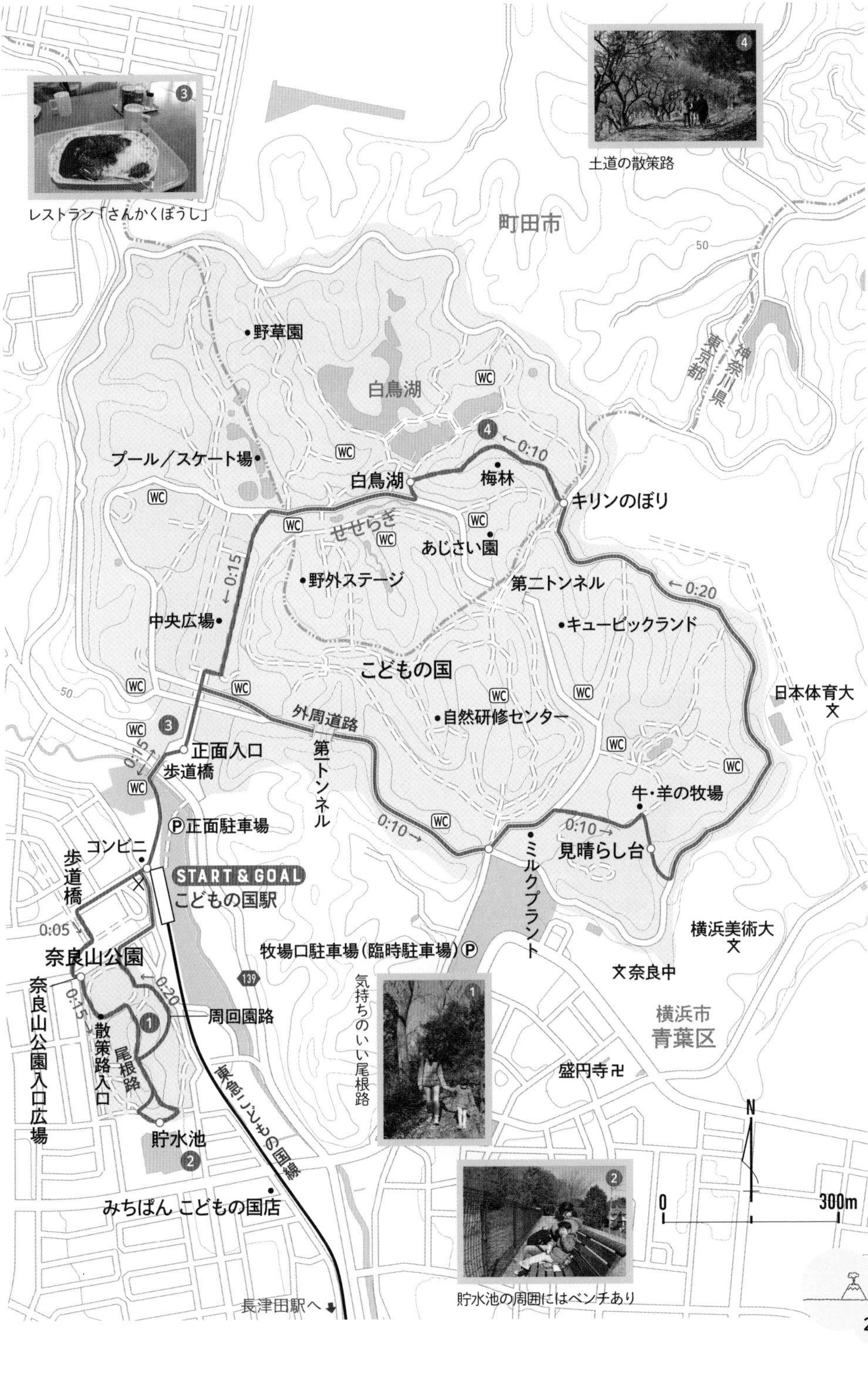

レストラン「さんかくぼうし」
土道の散策路
町田市
野草園
白鳥湖
東京都
神奈川県
プール／スケート場
白鳥湖
梅林
←0:10
キリンのぼり
せせらぎ
あじさい園
←0:15
野外ステージ
第二トンネル
←0:20
中央広場
キュービックランド
こどもの国
日本体育大
外周道路
自然研修センター
正面入口
歩道橋
第一トンネル
牛・羊の牧場
正面駐車場
0:10→
0:10→
見晴らし台
ミルクプラント
コンビニ
歩道橋
START & GOAL
こどもの国駅
0:05
横浜美術大
奈良山公園
牧場口駐車場（臨時駐車場）
奈良中
←0:20
奈良山公園入口広場
0:15
周回園路
散策路入口
尾根路
気持ちのいい尾根路
横浜市
青葉区
盛円寺
貯水池
東急こどもの国線
みちぱん こどもの国店
N
0
300m
長津田駅へ
貯水池の周囲にはベンチあり

神奈川県 相《さ》模《がみ》嵐《あらし》山《やま》

1｜相模湖駅の向かいには観光案内所がある。相模湖付近の登山道情報を掲示している　2｜朝もやにかすむ相模湖　3｜階段で始まる登山道。階段の登山道は意外と疲れるのでペース配分には注意　4｜単調な樹林帯だが、整備が行き届いており、歩きやすい

モデルルート

相模湖駅
▼ 約40分
相模嵐山登山口
▼ 約30分
相模嵐山
▼ 約30分
相模嵐山登山口
▼ 約40分
相模湖駅

相模湖に映える相模嵐山。こんもりした山容は高速道路からも印象的

下山後は遊園地？ 船遊び？ それとも両方？

相模湖から均整のとれた山容が印象的な相模嵐山。登山道が整備され、標高差も低いので、初心者でも気軽に楽しめる。相模湖やプレジャーフォレストも組み合わせれば、充実した山旅になるだろう。

相模湖駅前から相模湖へと道を下る。相模湖畔まで一度下り、めざす相模嵐山を眺めよう。早朝だと朝もやがかかることがあるが、湖の向こうにそびえる山容が美しい。相模湖大橋を渡り、左に曲がると東屋《あずまや》があり、右手には登山口がある。

登り始めから急登が始まる。杉林のなかのつづら折れは単調だが、ぐんぐんと高度を稼いでいくので爽快である。登山に慣れないひとは、ゆっくりと歩くことを心がけよう。やがて林相が変わり、落葉樹林帯となる。明るい林を軽快に歩こう。道中、展望が開ける場所があるので小休止してもよい。

山頂からは相模湖の向こうに連なる山並みが美しい。早朝や夕景はさらに輝きを増す。縁結びの神、産霊宮水上《むすびのみやみなかみ》神社にお参りして、下山しよう。

Data

場所：神奈川県相模原市　時間：約2時間20分
標高差：約240m　対象：4歳〜
適期：1月〜6月、9月〜12月　※夏季は適さない
レベル：体力★★☆☆☆／技術★★★☆☆

5

6

7

8

5｜2019年秋の台風による倒木　6｜山頂直下は落葉樹林帯の道を歩く。登山道は広いとはいえ、斜面は急なので、滑落には充分に注意すること　7｜山頂からの展望はすばらしい　8｜山頂から先、プレジャーフォレストへと下る道は復旧中で、2020年2月現在通行止め

ここがポイント!

プレジャーフォレスト

相模嵐山の南麓にある遊園地。マッスルモンスターやターザンマニアなど、子どが喜ぶことまちがいなしのアトラクションが多数。嵐山から登山道を歩き、入園ゲートに至ることができたが、2019年の台風被害のため、20年春の段階で同登山道は復旧作業のため通行止め。下山後にアクセスする際は相模湖大橋からバスに乗り約4分。10:00〜16:00(土・日・祝日は9:00〜17:00)。木曜定休。大人180円。

→乗船場にはみやげもののほか、コインゲームを楽しめるスペースがある ↑駅至近、安くて大ボリューム。加えておいしい『かどや食堂』は登山者に人気

ごほうび

相模湖で水遊び

相模湖に来たら、日本初の白鳥形遊覧船・スワン丸に乗ろう! 相模湖一周約25分を楽しめる。運行時間は9:00〜18:00(冬季は17:00まで)。大人1000円。詳しくは下記まで問い合わせ。なお、モーターボート、手こぎボートなどもある。勝瀬観光☎042-684-2131

アクセス

往復　[公共交通]

JR中央本線 相模湖駅

※登山口最寄りの相模湖大橋バス停までの便もある

往復　[マイカー]

中央自動車道 相模湖東IC

▼ 約2km 約5分 ▲

相模湖公園

※駐車は相模湖畔の相模湖公園に併設の駐車場を利用。平日無料。休日は1時間310円、当日最大1000円。

[問い合わせ先]
相模湖観光協会☎042-684-2633
神奈川中央バス☎042-784-0661
プレジャーフォレスト☎0570-037-353
相模湖公園管理事務所☎042-684-3276

トイレ情報

相模湖駅の向かい側にはトイレがある。道中、相模湖畔にあるトイレが最後のトイレ。山中にはトイレはないので、湖畔のトイレで済ませておこう。

コンビニ・スーパー

相模湖公園の向かいにはコンビニがある。必要なものはここで買いそろえよう。おみやげは相模湖畔へ。みやげのほか、昭和テイストの食事処もあり、楽しい。

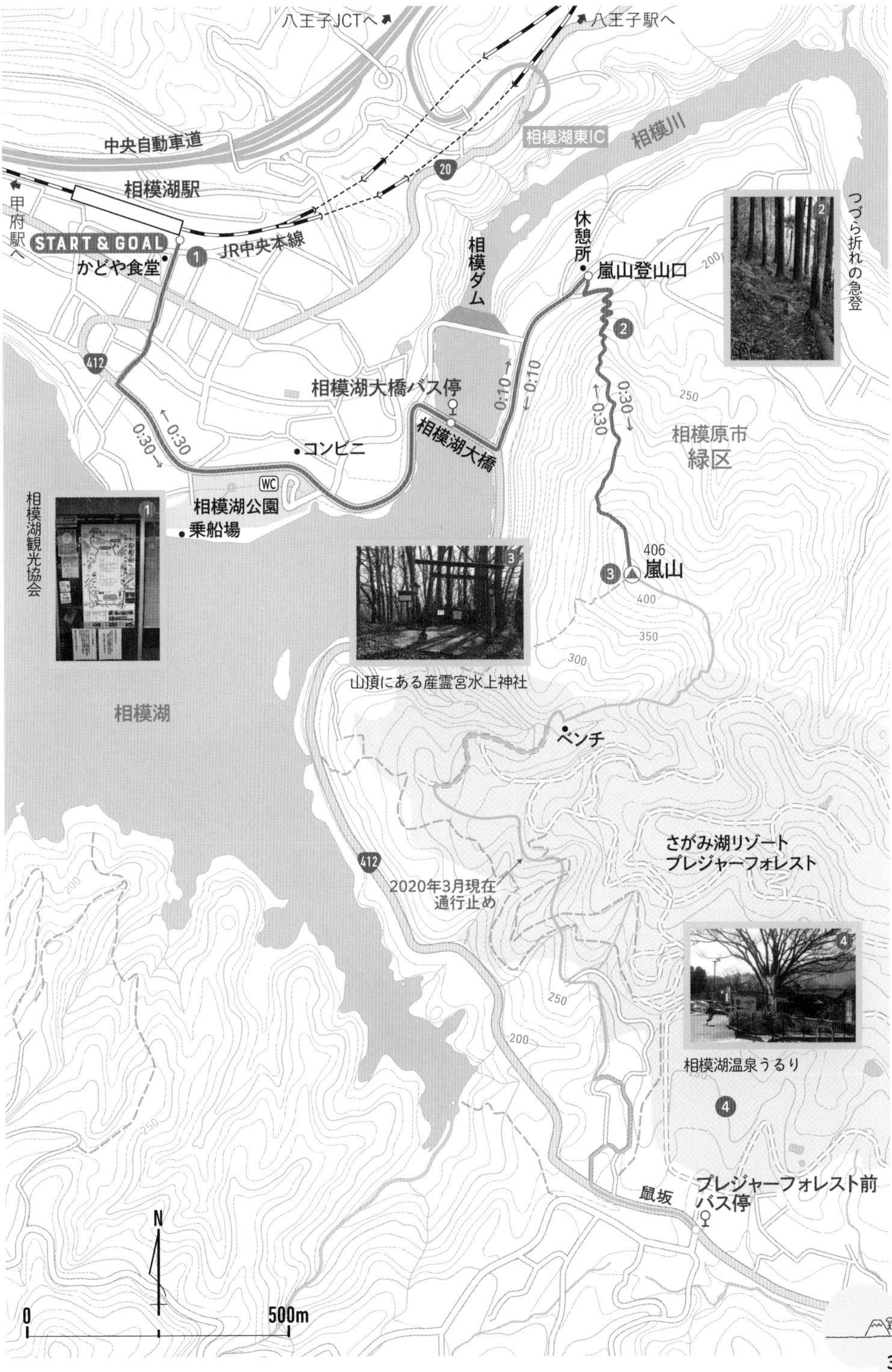
八王子JCTへ
八王子駅へ
中央自動車道
相模湖東IC
相模川
20
相模湖駅
甲府駅へ
START & GOAL
1
JR中央本線
かどや食堂
休憩所
嵐山登山口
相模ダム
2
つづら折れの急登
200
412
相模湖大橋バス停
0:10
0:10
0:30
0:30
250
相模原市
緑区
0:30
0:30
相模湖大橋
コンビニ
WC
相模湖公園
乗船場
相模湖観光協会
406
3
嵐山
400
350
300
山頂にある産霊宮水上神社
相模湖
ベンチ
さがみ湖リゾート
プレジャーフォレスト
412
2020年3月現在
通行止め
4
250
200
相模湖温泉うるり
200
250
プレジャーフォレスト前
バス停
鼠坂
N
0
500m

埼玉県

加《か》治《じ》丘陵《きゅうりょう》

モデルルート

仏子駅
▼ 約1時間
桜山展望台
▼ 約40分
トーベ・ヤンソン
あけぼの子どもの森公園
▼ 約1時間
仏子駅

住宅地のすぐそばに広がる森。新緑や紅葉など、季節の魅力を味わおう

1｜起点となる仏子駅南口　2｜住宅地は意外と迷いやすい。「桜山展望台」の指導標に従って進む　3｜展望台からは、富士山はもちろん、東京都最高峰の雲取山も望める

4｜気持ちのよい芝生が広がる「山仕事の広場」は絶好のお弁当スポット。トイレや水場もあり、子ども連れにも安心　5｜「あけぼの子どもの森公園」にて　6｜樹林帯だが足元は舗装されており、子どもも安心して歩ける　7｜木製遊具で大喜び

丘陵歩きの後はムーミン谷へ！

登山道のほとんどが舗装されており歩きやすいうえ、雰囲気のよい森と大展望が魅力。山頂直下には、ひろびろとした芝生の広場などもあり、子どもを飽きさせない。自然と公園を一度に楽しめるルートだ。

起点となる西武池袋線仏子《ぶし》駅を出たら、まずは武蔵野音大方面を目指して進む。信号を渡ると公園があるので、その右手を登っていく。「桜山展望台」への道標に従って進み、しばらくいくと樹林帯に。尾根に上がると、アップダウンもほとんどなく、一本道なので迷う心配は少ない。駿河台大学方面への分岐を過ぎ、桜山展望台を目指す。展望台にはトイレのほか、お弁当が食べられるテーブルとイスもそなえつけられている。近所の保育園らしき子どもたちの姿もあり、のどかな雰囲気だ。展望を楽しんだら、「山仕事の広場」でひと遊び。

帰りは駿河台大学方面へ下山する。「あけぼの子どもの森公園」へ直接下る場合は、分岐に注意。同公園は子どもが喜ぶので、余裕をもって下山しよう。

Data

場所：埼玉県入間市・飯能市　時間：約2時間40分
標高差：約110m　対象：4歳〜　適期：1月〜6月、9月〜12月　※夏季は適さない
レベル：体力★★★☆☆／技術★★★☆☆

ここがポイント！

トーベ・ヤンソン あけぼの子どもの森公園

1914年、フィンランド・ヘルシンキで生まれた画家、小説家、童話作家、トーベ・ヤンソンの世界観をモチーフにし、1997年に開園した公園。9:00〜17:00（季節によって変更）。月曜定休（祝日の場合はその翌平日休）。入園料、駐車料金無料。☎042-972-7711

ごほうび

CAFE PUISTO《プイスト》

子どもの森公園内にある北欧風カフェ。木材をふんだんに使った内装がおしゃれ。オープンサンドや、ハンバーグなどのほか、デザートやキッズプレートも用意。テイクアウト可能なメニューもあるので、園内でピクニックも。10:00〜16:30。定休日は公園と同じ。問い合わせは公園管理事務所☎042-972-7711またはCAFE PUISTOのHPから。

ここがポイント！

パンジャ

店内で作られる、石窯焼きのパン工房。人気のカレーパンや総菜パンのほか、サクサクのデニッシュやクロワッサンもおすすめ。カフェが併設されているので、購入したパンをその場で食べることもできる。駅からはやや遠いが、狭山日高ICが近いので車でのアクセスのほうが便利。8:00〜20:00。木曜定休。☎04-2932-5808

アクセス

往復　［公共交通］

西武池袋線 仏子駅

往復　［マイカー］

圏央道 狭山日高IC ／入間IC

▼　約6km 約15分　▲

西武池袋線 仏子駅

※「トーベ・ヤンソンあけぼの子どもの森公園」からは仏子駅より元加治駅が近い。徒歩約20分。仏子駅そばにはコインパーキングがある。

［問い合わせ先］
入間市観光協会☎04-2964-4889

トイレ情報

登山道中は、「桜山展望台」と「山仕事の広場」にトイレがある。水場も併設されており、ピクニックの前にしっかりと手洗いができるのがありがたい。

コンビニ・スーパー

起点となる駅南口周辺は住宅地なので、反対側の北口であれば、スーパーやコンビニ、飲食店などでにぎわう。市街地なので、何も買えなくて困る、ということはないだろう。

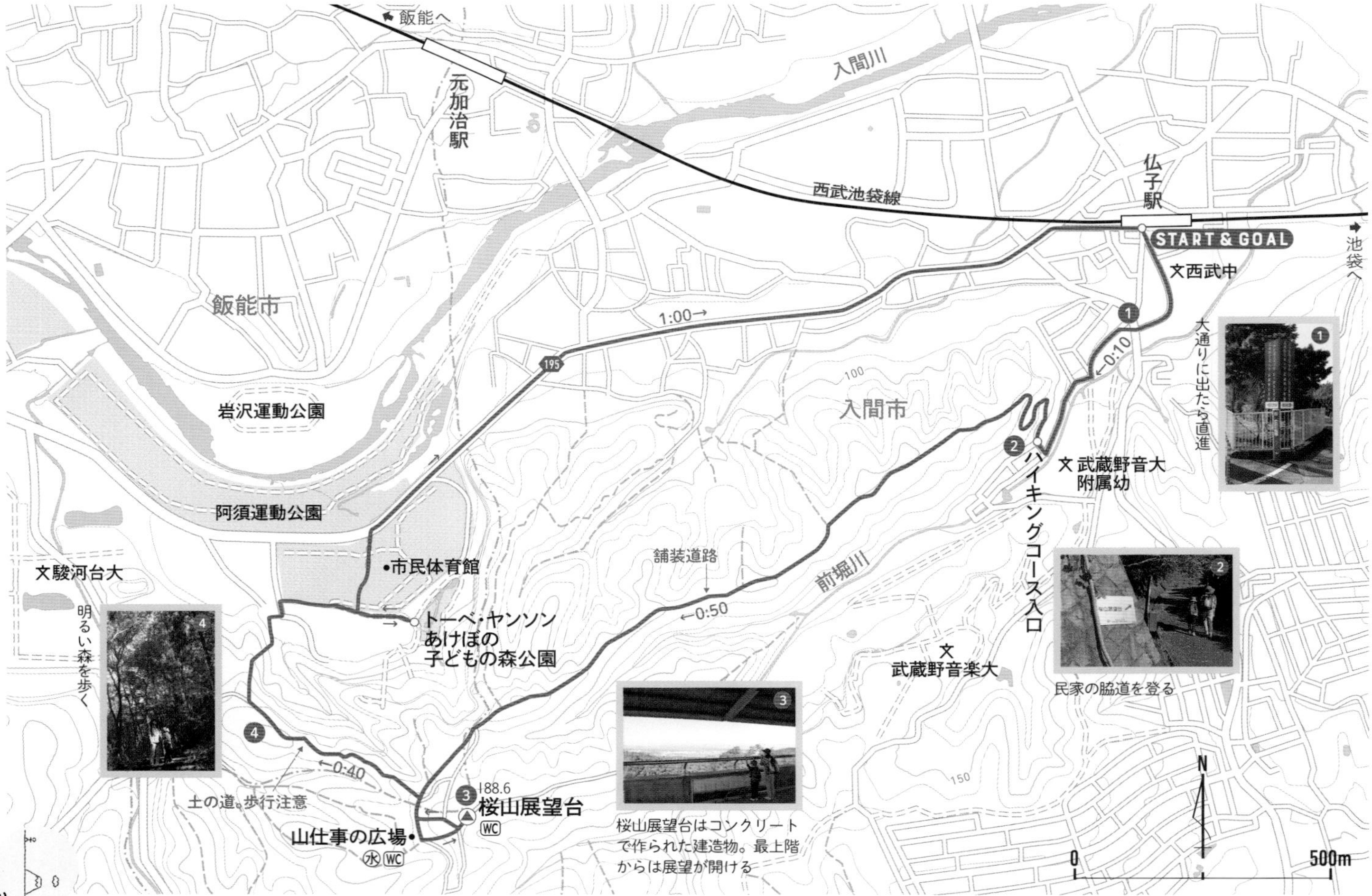
飯能へ
元加治駅
入間川
西武池袋線
仏子駅
START & GOAL
池袋へ
文西武中
飯能市
1:00→
195
岩沢運動公園
阿須運動公園
文駿河台大
•市民体育館
トーベ・ヤンソン
あけぼの
子どもの森公園
明るい森を歩く
土の道。歩行注意
←0:40
188.6
桜山展望台
WC
山仕事の広場•
水 WC
桜山展望台はコンクリートで作られた建造物。最上階からは展望が開ける
舗装道路
←0:50
前堀川
文
武蔵野音楽大
入間市
100
150
←0:10
ハイキングコース入口
文 武蔵野音大
附属幼
大通りに出たら直進
民家の脇道を登る
N
0
500m

埼玉県 天覧山《てんらんざん》

5

6

5｜落ち葉を集めて自然観察。森には子どもの好奇心をくすぐるものがたくさんある　6｜時に子どもを先に歩かせ、ペース配分を身につけさせよう

1

2

1｜飯能駅周辺にはハイキングコースが多数整備されている
2｜飯能中央公園から登山道が始まる。同公園には遊具が多数あり、子どもと楽しめる　3｜指導標が多く、安心して歩ける
4｜明るい樹林帯を歩く

4

モデルルート

飯能駅
▼ 約50分
天覧山
▼ 約40分
多峯主山
▼ 約1時間10分
割石橋
▼ 約20分
飯能駅

天覧山山頂の展望台。飯能市街地の向こうに奥多摩の山並みが見える

駅から周遊で楽しむ小さな縦走路

奥武蔵の玄関口である飯能駅を起点に山さんぽ感覚で楽しめる低山。しかし、侮ることなかれ。小さな岩場、適度なアップダウン、大展望など、低山といえども、縦走登山の味わいもしっかり楽しめる魅力の山だ。いわゆる〝山〟に登る前に、ぜひ歩いてほしいコースである。

飯能駅から北に進み、飯能駅前を左折、中央公園をめざす。幕末、飯能戦争の舞台となった能仁寺《のうにんじ》から山道が始まる。十六羅漢が祀られたあたりには、ちょっとした岩場がある。子どもの身長が1メートル程度であれば充分岩登り感覚を楽しめるので、チャレンジしてほしい。天覧山山頂にはコンクリートでできた展望台があり、視界が開ける。

さらに進むと開けた谷沿い歩きの道となり、やがて見返り坂に至る。見返り坂を登り切れば、傾斜もゆるくなり、歩きやすい。多峯主山《とうのすやま》直下は再び急登になるが、登り切れば眺めのよい山頂となる。ランチには最適だ。

下山は御嶽八幡神社を経て、入間川方面へ。車道を歩いて飯能駅に至る。

Data

場所：埼玉県飯能市
時間：約3時間　標高差：約170m　対象：4歳～
適期：1月～5月、10月～12月　※夏季は適さない
レベル：体力★★★☆☆／技術★★★☆☆

7―多峯主山山頂。山頂からの眺めはすばらしく、遠く新宿、スカイツリーまで見える　8―ベンチもあり、ランチに最適

ここがポイント!

ちょっとした岩歩きも楽しめる

かつては能仁寺の境内であった天覧山には、寺ゆかりの史跡がある。山頂直下にある十六羅漢もそのひとつで、釈迦の涅槃（ねはん）を見届けたとされる十六羅漢が石仏として鎮座している。この付近は石の道になっており、背の低い子どもなら、ちょっとした岩歩き感覚を楽しめる。クサリが設置されているが、滑落には注意すること。

ここがポイント!

飯能市立こども図書館

全国的にも数少ない子ども向けの本を揃えた図書館。ログハウス調の建物が印象的で、地元産の木材を使っているのが特徴。絵本や児童書など、約６万冊が蔵書されており、飯能だけあってフィンランド関係（P32）の書籍が充実している。２階には飲食スペースがあり便利。9:00～17:00。月曜定休。☎042-974-2414

アクセス

往復　［公共交通］

西武池袋線 飯能駅

※JR八高線東飯能駅でも可

往復　［マイカー］

圏央道 狭山日高IC

▼　約7km 約15分　▲

西武池袋線 飯能駅

※駅周辺に駐車場あり

［問い合わせ先］
飯能市観光・エコツーリズム推進課
☎042-973-2124

トイレ情報

飯能駅、飯能中央公園、雨乞池、十六羅漢付近にトイレがあるが、それ以外ではないので、この４カ所で済ませておこう。

コンビニ・スーパー

飯能駅構内にコンビニがあるほか、北口と南口にもコンビニがあるので、買い出しなどはこちらで済ませることができる。

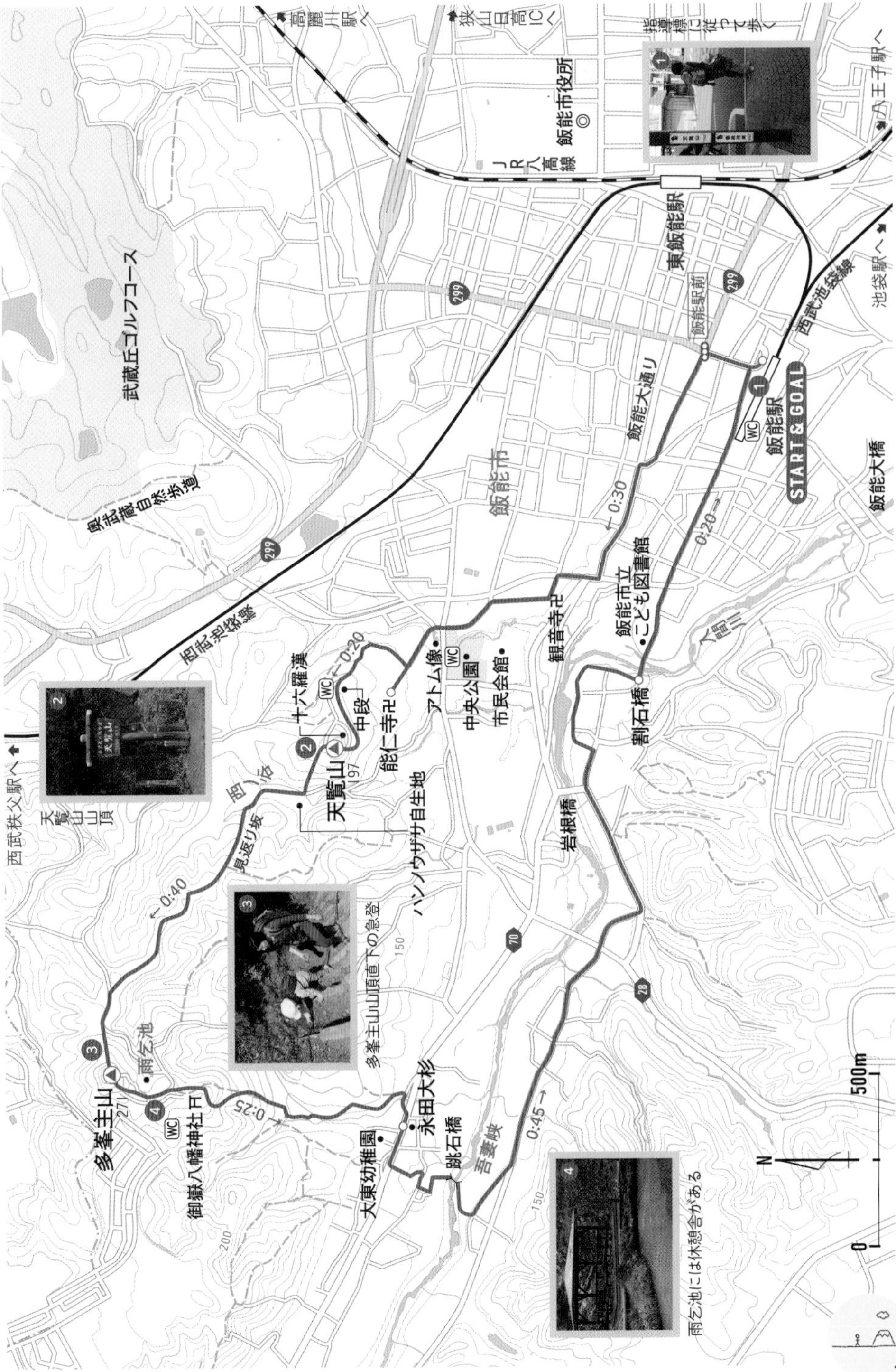
高麗川駅へ
狭山日高ICへ
飯能市役所
JR八高線
指導標に従って歩く
八王子駅へ
東飯能駅
飯能駅前
299
池袋駅へ
西武池袋線
武蔵丘ゴルフコース
飯能大通り
START & GOAL
飯能駅
WC
飯能大橋
飯能市
0:30
0:20
奥武蔵自然歩道
飯能市立こども図書館
観音寺卍
入間川
割石橋
十六羅漢
中段
能仁寺卍
アトム像
中央公園
市民会館
天覧山
197
西武秩父駅へ
天覧山山頂
西ノ谷
見返り坂
ハンノウザサ自生地
岩根橋
0:40
150
70
28
多峯主山山頂直下の急登
雨乞池
多峯主山
271
御嶽八幡神社
0:25
永田大杉
大東幼稚園
跳石橋
吾妻峡
0:45
200
雨乞池には休憩舎がある
N
0
500m

神奈川県

六国峠《ろっこくとうげ》

アフリカ区にいるよ〜

1｜春先には菜の花の絨毯も楽しめる自然公園。随所に桜があるので花見にもよい　2｜ロング滑り台もあるが、ちびっこでも楽しめる短めの滑り台も設置されているので、年少〜年長まで対応できる　3〜7｜サイ、カンガルー、キリンなど動物園も充実

モデルルート

金沢文庫駅
▼ 約20分
能見堂跡
▼ 約5分
不動池
▼ 約1時間
金沢自然公園

金沢自然公園内にある遊具の広場。休日は幼児も多数訪れる地元に愛される公園

遊具に動物園に遊びがいっぱいの山登り！

横浜市内でも豊かな自然が今でも残る金沢区。なかでも、金沢文庫駅からアクセスできる六国峠は、深い樹林歩きと動物園、自然公園を組み合わせることができるファミリー登山向けの山。各要素をピックアップすれば、乳幼児から小学生まで楽しめるので、年齢にあわせてアレンジできるのが魅力だ。

金沢文庫駅西口を出て右手方向、線路沿いを歩く。踏切に出たら左の道に入り、指導標に従って登山口へ。住宅地を歩くため、見落としやすいので注意。登山道が始まると、豊かな自然があたりを覆う。整備された登山道をたどり、やがて能見堂跡に至る。元禄時代、ここから望む景色がすばらしく、金沢八景と呼ばれたとされている。その先の不動池は、まるで秘密の池のようで驚く。

その後、いくつかのアップダウンを経て、やがて横浜横須賀道路に併設された駐車場につけば終了だが、道中、バス便も含めて、多数のエスケープルートをとれるので安心。金沢自然公園では、動物園よし、遊具よし、バーベキューよしで、存分に楽しめる。

Data

場所：横浜市金沢区　時間：約1時間25分
標高差：約100m　対象：4歳～
適期：1月～5月、10月～12月　※夏季は適さない
レベル：体力★★☆☆☆／技術★★★☆☆

6

7

8｜住宅地はすぐ隣。自然林が残された遊歩道を歩く。登山道は整備され、地元に住むひとも多く利用する　9｜稜線の登山道から往復約15分で達する不動池。行く価値がある景観　10｜金沢文庫駅西口からバスに乗り金沢動物園（土・日・祝日運行）で下車、逆ルートも◎

8

9

10

ここがポイント!

金沢動物園

横浜市には4つの動物園があるが、金沢動物園はそのひとつで、1982年に開園した。園内は大きくアフリカ区、オセアニア区、ユーラシア区、アメリカ区に分かれ、それぞれのエリアで様々な動物を見ることができる。9:30〜16:30。月曜定休(祝日の場合は翌日休)。入園料500円。

ここがポイント!

金沢自然公園

金沢自然公園は丘陵帯に設置され、園内を歩くだけでも自然を満喫できるのが魅力。春先は梅、春は桜、初夏にはアジサイとヤマユリが見ごろとなる。とくにアジサイは園内に3000株があり、目を楽しませてくれる。子ども広場には100メートルのローラー滑り台のほか、巨大遊具が多数あり、子どもが1日いてもあきない。9:00〜17:00。無休。入園無料。

公園も楽しいよ!

アクセス

行き　［公共交通］

京急本線 金沢文庫駅

帰り

金沢動物園バス停

▼ 京急バス
約10分 200円(土日祝のみ)

金沢文庫駅

※夏山坂上バス停からの便もある

往復　［マイカー］

首都高速湾岸線 杉田IC

▼ 約6km 約20分 ▲

金沢自然公園正面口

※駐車場は上記のほか、金沢自然公園高速側駐車場(横浜横須賀道路金沢支線釜利谷料金所左端出口)もある。いずれの場合も紹介ルートと逆をたどり、駅からバス便を利用するのが現実的

［問い合わせ先］
横浜金沢観光協会☎045-780-3431
金沢動物園☎045-783-9100
京急バス☎045-771-9248

トイレ情報

金沢文庫駅に設置のトイレのほか、不動池にもトイレがある。不動池には東屋もあるので、休憩のほか、ランチをとるにも便利。緑が映える新緑の季節がおすすめ。

コンビニ・スーパー

駅前にはスーパーがあるほか、金沢自然公園内には『ののはなカフェ』で軽食を楽しめるので、ここで食事をとってもよい。10:00〜17:00。定休日は動物園に同じ。

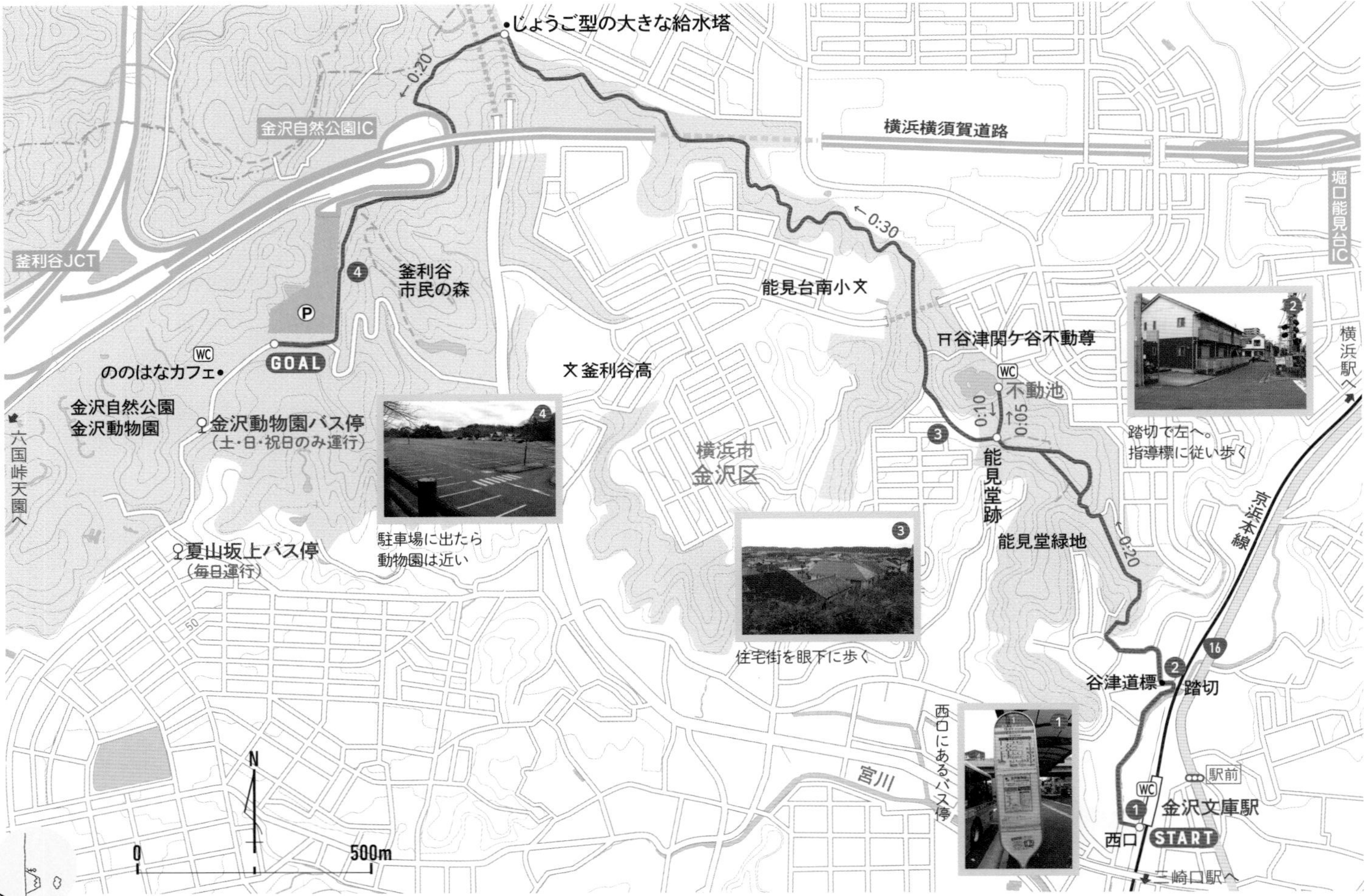

じょうご型の大きな給水塔
0:20
金沢自然公園IC
横浜横須賀道路
堀口能見台IC
釜利谷JCT
0:30
釜利谷
市民の森
能見台南小
谷津関ケ谷不動尊
横浜駅へ
P
WC
GOAL
ののはなカフェ
釜利谷高
WC
不動池
0:10
0:05
踏切で左へ。
指導標に従い歩く
金沢自然公園
金沢動物園
金沢動物園バス停
（土・日・祝日のみ運行）
六国峠天園へ
横浜市
金沢区
能見堂跡
京浜本線
能見堂緑地
0:20
駐車場に出たら
動物園は近い
夏山坂上バス停
（毎日運行）
住宅街を眼下に歩く
16
谷津道標
踏切
西口にあるバス停
宮川
駅前
WC
金沢文庫駅
西口
START
三崎口駅へ
N
0
500m

東京都 高《たか》尾《お》山《さん》

6号路の長い階段を下りると、本格的な登山道になる

モデルルート

高尾山口駅
▼ 約45分（1号路）
高尾山駅
▼ 約55分
高尾山
▼ 約1時間（6号路経由）
琵琶滝
▼ 約30分
高尾山口駅

1｜清滝駅前は出店が多い。名物の高尾まんじゅうをぱくり　2｜1号路の道中にある「さる園・野草園」。猿だけでなく、時季によっては花咲く野草も楽しめる　3｜さる園には70頭ほどの猿が暮らす

4｜薬王院に向かう道中にある男坂　5｜山頂では晴れると富士山が見れる　6｜6号路はいわゆる登山道。スリップ注意　7｜6号路は沢沿いを歩く。濡れていると滑りやすい　8｜P46参照
9｜「TAKAO 599 MUSEUM」は高尾山の新名所

山登りという名のテーマパークへ

　都心から約1時間。年間登山者数は300万人ともいわれ、その数や世界一。手軽に気軽に楽しめるだけがその魅力ではなく、山麓には温泉、山中にはケーブルカー、出店、さる園……。もはや山登りという名のテーマパークと言ってよいほどの高尾山だが、古くから修験道の山として親しまれていることは、今では知るひとは多くない。ここではメジャーな1号路から修験道の薫り漂う6号路をたどる道を紹介する。都会的で歴史ある高尾山を楽しもう。

　高尾山口駅から参道を歩き、ケーブルカー清滝駅を正面に右手をとり、1号路を歩く。舗装道路で歩きやすく、高尾山駅に至る。出店やさる園を見ながら先へ進み、薬王院、奥ノ院を経て高尾山山頂へ。

　下山路は6号路をたどる。分岐点がいくつかあるので見落とさぬように。1号路と異なり、沢沿いを歩く6号路は自然が豊かで夏でも心地いい。沢を見ながら下ってゆくとやがて琵琶滝へ。時に修行僧を見かけることもある。さらに下れば、清滝駅に至る。

Data

場所：東京都八王子市　時間：約3時間10分
標高差：約410m　対象：5歳〜
適期：通年　※冬季の6号路は凍結等などに注意
レベル：体力★★★☆☆／技術★★★☆☆

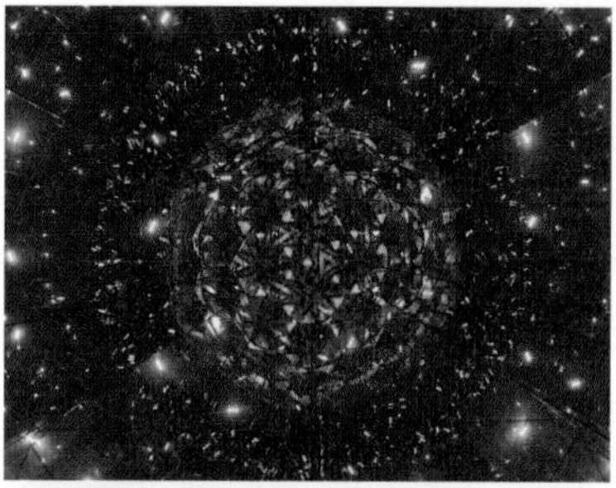

ここがポイント！

高尾山トリックアート美術館

1996年に開館した〝だまし絵〟の美術館。登山後になぜ？　と思うかもしれないが、子どもは喜ぶことまちがいなし。1330円。10:00～19:00（12月～3月は18:00まで）。不定休。併せて訪れたいのが「TAKAO 599 MUSEUM」。高尾山の自然について学べるだけでなく、カフェで寛ぐこともできる。8:00～17:00（12月～3月は16:00まで）。無休。入場無料。

ここがポイント！

京王高尾山温泉極楽湯

高尾山口駅に隣接した極楽湯は、2015年にできた温泉施設。館内では温泉はもちろん、食事やマッサージも楽しめる（予約可）。泉質はアルカリ性単純温泉で、露天風呂のほか、替わり風呂やサウナもある。1000円（土・日・祝日、繁忙期は1200円）。8:00～23:00。無休。☎042-663-4126

ごほうび

髙橋家

清滝駅の向かいにある老舗のそば屋。創業は江戸時代。注目は屋根から突き出た樹齢約150年の柿の木。ちなみに天ぷらにつく干し柿は別ルートで仕入れたもの。安定してとれないからという。10:00～18:00。無休（季節休暇あり）。☎042-661-0010

アクセス

往復　［公共交通］

京王高尾線 高尾山口駅

往復　［マイカー］

中央自動車道 高尾山IC

▼　約1.5km 約5分　▲

高尾山口駅

※駐車場はいくつかあるが、極楽湯に併設された駐車場が便利。

［問い合わせ先］
高尾登山電鉄☎042-661-4151
高尾山ビジターセンター☎042-664-7872
TAKAO 599 MUSEUM☎042-665-6688
高尾山トリックアート美術館
☎042-661-2333

トイレ情報

1号路にはトイレが多数。リフト山上駅、ケーブルカー高尾山駅、薬王院、高尾山山頂直下、高尾山ビジターセンターにある。下山路には、トイレがないので注意。

コンビニ・スーパー

高尾山口駅にはコンビニが併設しているので便利。また、1号路には出店が多数あり、飲食で困ることはない。逆ルートをたどり、ビアマウントで乾杯、はお父さんにおすすめ。

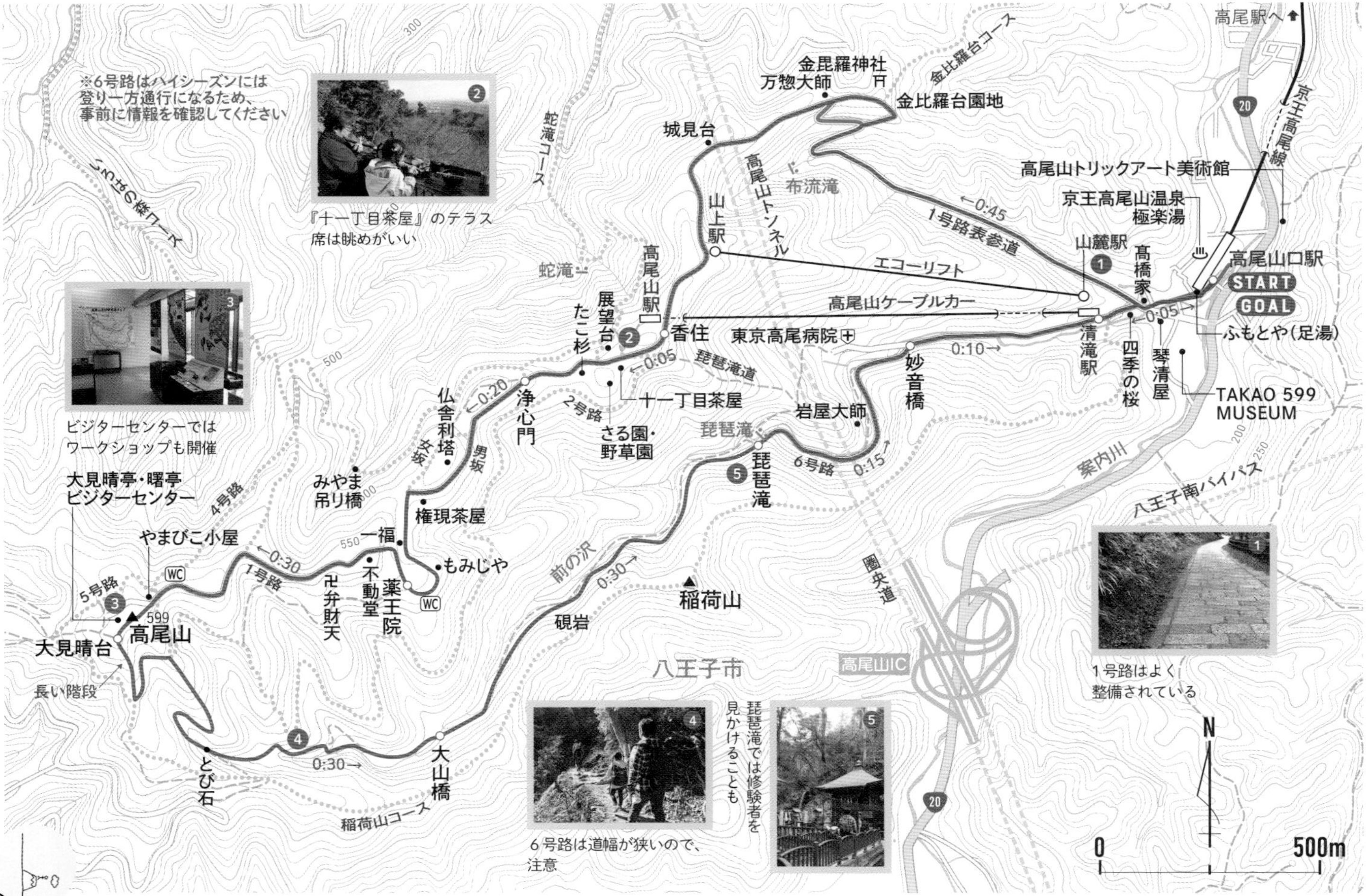
高尾駅へ
京王高尾線
高尾山口駅
START
GOAL
ふもとや(足湯)
TAKAO 599 MUSEUM
琴清屋
四季の桜
高橋家
京王高尾山温泉 極楽湯
高尾山トリックアート美術館
山麓駅
清滝駅
←0:05
0:10→
妙音橋
1号路表参道
←0:45
エコーリフト
高尾山ケーブルカー
東京高尾病院
金比羅台園地
金比羅台コース
金毘羅神社
万惣大師
布流滝
城見台
高尾山トンネル
山上駅
高尾山駅
香住
展望台
たこ杉
←0:05
琵琶滝道
十一丁目茶屋
さる園・野草園
2号路
岩屋大師
琵琶滝
琵琶滝
6号路
0:15→
浄心門
←0:20
仏舎利塔
女坂
男坂
権現茶屋
みやま吊り橋
一福
もみじや
薬王院
不動堂
卍弁財天
WC
550
500
300
蛇滝コース
蛇滝
4号路
←0:30
1号路
やまびこ小屋
大見晴亭・曙亭 ビジターセンター
5号路
599
高尾山
大見晴台
長い階段
とび石
0:30→
大山橋
稲荷山コース
硯岩
前の沢
0:30→
稲荷山
八王子市
圏央道
高尾山IC
案内川
八王子南バイパス
200
250
20
N
0
500m
ふじみちの森コース
※6号路はハイシーズンには
登り一方通行になるため、
事前に情報を確認してください
『十一丁目茶屋』のテラス
席は眺めがいい
ビジターセンターでは
ワークショップも開催
6号路は道幅が狭いので、
注意
琵琶滝では修験者を
見かけることも
1号路はよく
整備されている

神奈川県 三浦丘陵《みうらきゅうりょう》

1｜出発点となる津久井浜駅　2｜のどかな田園風景が広がる車道を歩く　3｜三浦富士への登り道。階段を登り切ればほどなく山頂に至る　4｜三浦富士山頂から砲台山へと向かう道中。緑がまぶしい。道中、展望はないが明るい樹林帯歩きが快適だ　5｜砲台山から武山へと向かう登山道でみつけた樹木のトンネル。ちょっとした景色も発想ひとつでアトラクションに変わる　6｜武山の展望台

モデルルート

津久井浜駅
▼約50分
三浦富士
▼約35分
砲台山
▼約20分
武山
▼約55分
津久井浜駅

季節のフルーツと海遊びでキッズも大満足！

三浦富士は古くから、漁業や海上の安全を願う地元民から信仰の山として親しまれている。砲台山はその名の通り、山頂に砲台跡が残されており、ぜひとも訪れたい。武山は山頂展望台があり、抜群の展望だ。ここでは、この3座を巡る縦走路を紹介しよう。

津久井浜駅から津久井浜観光農園方面に向かって舗装道路を歩く。観光農園に至る手前、指導標に従って右手へ。その先、横須賀警察犬訓練所の先から登山道が始まる。よく整備された登山道で、歩きやすい。ほどなく三浦富士山頂で、南側の展望が開ける。

この先から縦走路となる。アップダウンが連続するのでペース配分に留意しよう。砲台山の手前に見晴らし台があり、三浦半島南部の向こうに海が輝いてみえる。砲台山山頂を巻くようにして山頂へ。巨大な砲台跡が印象的だ。道を戻り、武山へ。静かな樹林帯をゆるく登っていくと武山だ。山頂には展望台があり、四囲を望める。

下山は津久井浜観光農園に向かって下り、時間があれば農園に立ち寄ろう。

Data

場所：神奈川県横須賀市　時間：約2時間40分

標高差：約190m　対象：4歳～

適期：1月～6月、9月～12月　※夏季は適さない

レベル：体力★★☆☆☆／技術★★★☆☆

下山路から武山を振り返る。登山道は整備され、初心者でも快適に歩ける

7｜武山から津久井浜観光農園に下る道中　8｜津久井浜駅から徒歩10分程度で津久井浜へ。下山後は砂浜歩きも楽しい

2本のコンクリート柱は探照灯の土台だよ!

ここがポイント!

砲台山の戦跡巡り

砲台山には第二次世界大戦における遺構を随所に見かけることができる。まずは三浦富士から砲台山への車道。かつては軍用車が走行するために整備されたという。山頂直下では、兵隊宿舎で使われたという台所や風呂の面影を見かけることができる。さらに山頂には、電波塔の足元に巨大な砲台跡が残っている。

ごほうび

磯遊びと津久井浜観光農園

三浦半島は山と海を楽しめるのが魅力。砂浜歩きも楽しいが、磯遊びも楽しい。三崎口駅からの電車・バス移動となるが、毘沙門海岸や観音崎などいくつかある。余裕があればぜひ。写真は毘沙門海岸。下山路道中にある津久井浜観光農園もおすすめ。フルーツ狩りを楽しめる。9:00～15:00(1月1日～5月5日まで)。入園料1300円～。☎046-849-4506

アクセス

往復　［公共交通］

京急久里浜線 津久井浜駅

※長沢駅から三浦富士に向かってもよい

往復　［マイカー］

横浜横須賀道路 佐原IC

▼　約8km 約20分　▲

津久井浜観光農園

※マイカーでアクセスする際は、津久井浜観光農園に併設の駐車場を利用すると便利。下山後は季節のフルーツ狩りを楽しもう

［問い合わせ先］
横須賀市観光協会☎046-822-8256

トイレ情報

津久井浜駅にあるほか、武山山頂にトイレが設置されている。武山山頂には給水場と休憩所があるのでランチに最適。ほど近い武山不動院にもお参りしよう。

コンビニ・スーパー

津久井浜駅前には、京急ストアがあるので買い出しに便利。また、駅から津久井浜海岸方面に歩けば、至近にコンビニもある。縦走路方面にはないので、ここで買い出しを。

④ 武山不動院方面を望む

③ 見晴らし台からは三浦海岸の展望が開ける

① 観光農園の脇には武山登山口観光公衆便所がある

② 警察犬訓練所正門を過ぎると登山道

沢はこの1カ所だが、季節を変えて楽しめるのも大きなポイント

神奈川県 陣《じん》ヶ《が》下《した》渓《けい》谷《こく》公《こう》園《えん》

横浜駅から電車で10分のプチ秘境

横浜で渓谷歩きを楽しめる貴重な公園。危険な場所はないので、小さな子どもでも楽しめるのが大きな魅力。入渓は下流口から。整備された歩道を歩き、道中から沢へ。規模は小さいが充分楽しめる。沢から先は土の道。指導標に従い西原口へ。下山後は鶴ヶ峰駅から『よこはま動物園ズーラシア』に行けば、充実するだろう。

アクセス

行き ［公共交通］

相鉄本線 上星川駅

帰り

西原住宅入口バス停

▼ 相鉄バス 約20分 220円

相鉄本線 鶴ヶ峰駅

［問い合わせ先］
保土ケ谷区総務部区政推進課
☎045-334-6221
相鉄お客様センター
☎045-319-2111

Data

場所：横浜市保土ケ谷区

時間：約55分　標高差：約60m　対象：3歳〜

対象：4歳〜　適期：1月〜12月

レベル：体力★★★★★／技術★★★★★

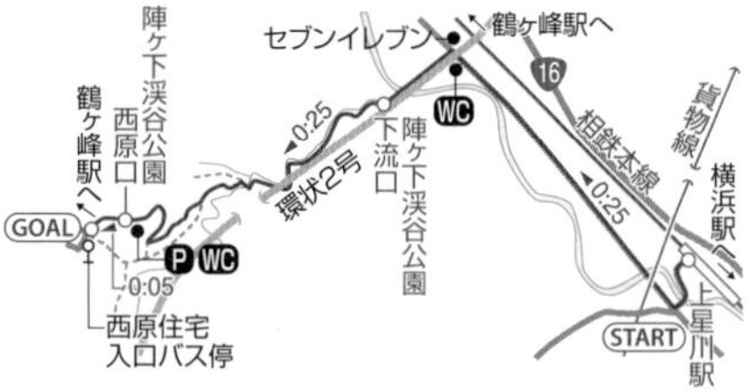

千葉県 マザー牧場《ぼくじょう》・鹿《か》野《のう》山《ざん》

遊ぶもよし、歩くもよしの広大な牧場

広大な自然の中にあるマザー牧場は、たくさん歩く練習にぴったりのフィールド。危険箇所もなく、ほどよいアップダウンもあり、季節の花を眺めながらのお散歩は、よちよち歩きから楽しめる。時間に余裕があれば、ぜひ鹿野山九十九谷展望公園にも立ち寄ってほしい。無数の谷が複雑に広がる房総の風景が圧巻。

［問い合わせ先］
富津市観光協会
☎0439-80-1291
君津市役所経済部観光課
☎0439-56-1325
マザー牧場☎0439-37-3211
日東バス☎0439-67-0562

アクセス

往復 ［公共交通］

JR内房線 佐貫町駅

▼ 日東バス 約25分 480円 ▲

マザー牧場バス停

※神野寺バス停までは約30分、570円

Data

場所：千葉県富津市・君津市　時間：約1時間55分

標高差：約120m　対象：3歳〜（マザー牧場周遊）

適期：1月〜6月、10月〜12月　※夏季は適さない

レベル：体力★★★★★／技術★★★★★

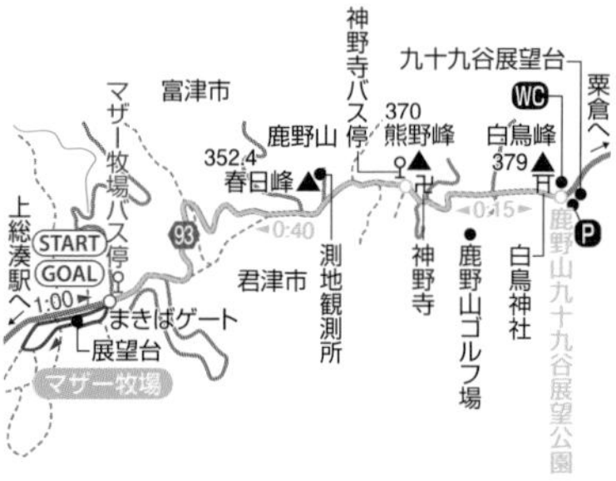

広大な敷地面積のマザー牧場は終日いても楽しい

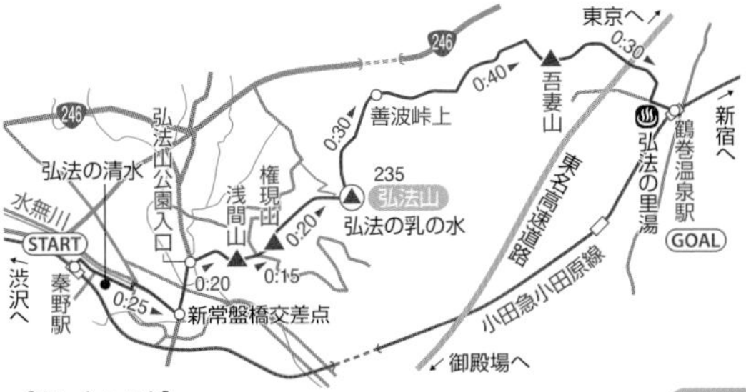

見晴らしもよく、花も咲く
樹林帯はランチに最適！

［問い合わせ先］
秦野市観光協会☎0463-82-8833
弘法の里湯☎0463-69-2641

Data

場所：神奈川県秦野市
時間：約3時間　標高差：約220m　対象：3歳～
適期：1月～6月、9月～12月　※夏季は適さない
レベル：体力★★★★★／技術★★★★★

神奈川県　弘法山《こうぼうやま》

桜と大展望を楽しむミニ縦走

都心から鉄道でのアクセスが便利な、人気のルート。休憩場所も多く、適度なアップダウンがあり、会話も弾む。秦野駅から登山口までは、指導標に導かれるので迷うこともない。出だしの急坂を登りきれば、浅間山。気持ちのよい尾根道を、弘法山、吾妻山へと縦走し、鶴巻温泉駅へ下山する。

アクセス

行き　［公共交通］
小田急小田原線 秦野駅
帰り
小田急小田原線 鶴巻温泉駅

Data

場所：神奈川県秦野市　時間：約4時間40分
標高差：約200m　対象：5歳～
適期：1月～6月、9月～12月　※夏季は適さない
レベル：体力★★★★★／技術★★★★★

神奈川県　渋沢丘陵《しぶさわきゅうりょう》

サブルートを活用、条件に合わせて楽しもう！

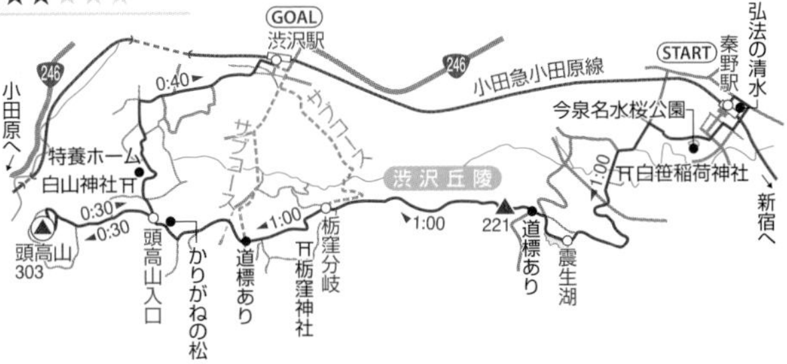

アクセス

行き　［公共交通］
小田急小田原線 秦野駅
帰り
小田急小田原線 渋沢駅

［問い合わせ先］
秦野市観光協会☎0463-82-8833

展望、森、湖、神社と、里山風情を楽しめるコース。秦野駅から震生《しんせい》湖までは、丘を登りながら眺める丹沢山塊の堂々とした姿が素晴らしい。歩行時間がやや長いため、お昼寝を卒業してからがよいかも。サブコースを使って、適宜ルートのアレンジを。渋沢駅から頭高山までだけでも充実する。

震生湖付近の雑木林。美しい木漏れ日に心奪われる

関屋の切り通し。幕末の志士たちもここを駆け抜けたのだろうか

東京都 小《お》野《の》路《じ》宿《じゅく》フットパス

東京に今なお息づく、山里の香りを親子で味わう

フットパスとは、森や田園など、昔からある里山の風景を楽しむコースのこと。登山道というよりも、東京郊外の歴史や自然を楽しむお散歩という感じ。関屋の切り通しなど、江戸時代にタイムスリップしたような景色も随所に。町田市のフットパスのガイドブックもあるので、オリジナルコースを組んでみても楽しい。

Data

場所：東京都町田市
時間：約2時間5分　標高差：約60m　対象：3歳～
適期：4月～6月、10月～3月　※夏季は適さない
レベル：体力★☆☆☆☆／技術★☆☆☆☆

アクセス

往復　［公共交通］

小田急電鉄 鶴川駅
▼ 神奈川中央交通バス 約15分 250円 ▲
別所バス停

［問い合わせ先］
神奈川中央交通バス 多摩営業所
☎042-678-6550
NPO法人みどりのゆび
☎042-734-5678

神奈川県 浅《せん》間《げん》山《やま》

箱根といえばススキ！下山後は温泉へ

ロマンスカーと温泉をセットにすれば、旅気分も満点。道中、展望は少ないが、クマザサ、ススキ、カエデ、滝など、登山道わきの自然を愛でながらのハイキングを楽しもう。登山口からはじめの30分ほどはややきつい登りだが、そのあとは山頂まで緩い登りが続く。登山鉄道の運行状況については、必ず事前に確認。

Data

場所：神奈川県箱根町　時間：約3時間10分　標高差：約700m　対象：5歳～
適期：1月～6月、9月～12月　※夏季は適さない
レベル：体力★★★☆☆／技術★★★☆☆

アクセス

行き　［公共交通］
箱根登山鉄道 箱根湯本駅

帰り
小涌谷駅
▼ 箱根登山バス 約30分 530円
箱根登山鉄道 箱根湯本駅

［問い合わせ先］
箱根観光協会
☎0460-85-5700
箱根登山バス小田原営業所
☎0465-35-1271

平坦地のある山頂。西側には神山や駒ヶ岳が見られる

Data

場所：静岡県沼津市　時間：約3時間50分
標高差：約390m　対象：5歳～
適期：4月～6月、9月～4月　※夏季は適さない
レベル：体力★★★★☆／技術★★★☆☆

沼津港から望む。立派な縦走路の山姿。いちばん左が徳倉山

静岡県 沼《ぬま》津《づ》アルプス

ごほうびは海の幸。縦走登山の登竜門に挑戦！

眼下の駿河湾を望みながら充実の縦走登山、下山後は海の幸に舌鼓。アップダウンが大きく登りごたえあるので、子ども自身にステップアップの意欲が湧いてきた頃におすすめ。水や食料は充分に用意しておこう。出だしは道がややわかりにくいが、一度ルートに入れば親切な指導標が導く。沼津港までは沼津駅からバスで約10分。

アクセス

行き　［公共交通］

東海道本線 沼津駅
▼ 東海バスオレンジシャトル 約25分 490円
多比バス停

帰り

香貫台入口バス停
▼ 東海バスオレンジシャトル 約16分 240円
東海道本線 沼津駅

［問い合わせ先］
東海バス
オレンジシャトル
☎055-935-6611
沼津観光協会
☎055-964-1300

Data

場所：東京都八王子市　時間：約4時間10分
標高差：約540m　対象：5歳～
適期：4月～6月、9月～4月　※夏季は適さない
レベル：体力★★★★☆／技術★★★☆☆

東京都 裏《うら》高《たか》尾《お》

次なる山への第一歩。3ピーク越えの縦走登山に挑戦！

高尾山はもう卒業、と感じたらぜひ！　ひとの多い高尾山を抜け、城山、景信山まで足を延ばすロングコース。どの山頂にもひと息入れられる茶屋があるのがうれしい。桜やもみじの紅葉も見どころ。自分の足で歩きとおせれば、かなり自信がつくだろう。小仏から高尾駅までのバス時刻は、事前に確認しておこう。

アクセス

行き　［公共交通］

京王高尾線 高尾山口駅

帰り

小仏バス停
▼ 京王バス 約20分 240円
中央線 高尾駅

［問い合わせ先］
京王バス
☎042-352-3713
高尾山口観光案内所
☎042-673-3461

城山から景信山を目指す。頂上まで、あと少し！

Let's go outside !
並木道から始めよう！

山さんぽといえば当然、山歩きをイメージするかと思います。たしかに山歩きは〝山さんぽ〟のうちのひとつではありますが、大事な点は〝山〟とともに〝さんぽ〟にもあります。子どもにとって自然にふれるということは、それだけで好奇心が刺激されるもの。必ずしも山に登らなくても、自然に触れるだけで、子どもにとってはひとつの発見であり、冒険であり、学びでもあるのです。まずは気負わず、近場の自然から始めてみましょう。

❶ 並木道だっていい

近場にある自然といえば、まず思いつくのは自然公園、河川敷、丘陵帯あたりではないでしょうか。もちろん、そうした場所が近くにあればベストですが、並木道でも自然を感じることはできます。新緑時季に樹木を見上げれば葉っぱに反射した光がきらきらきれいだし、秋には彩り鮮やかな樹々がまぶしく、落ち葉をさくさく歩くだけで気持ちがいい。まずはそんな場所から始めましょう。その際、注意したいのが〝視点〟です。子ども目線で地面に近づいたり、腰を下ろして下から眺めてみたり。視点を変えることで、意外な発見があるものです。そして、次回行く時のために葉っぱは写真に撮り、家で調べてみましょう。

子どもの自然への興味にじっくり付き合ってあげよう

❷ テントは子供にとって秘密基地

外で食べるバナナの味は家で食べる味とは違うのです

大人にとって小さく、狭いところ。子どもはそんな場所が大好きです。その意味で、子どもが喜ぶ山アイテムNo.1はテントです。まずはホームセンターで日よけ程度のテントを購入してもよいでしょう。数千円で買えますし、初めてであれば、それでも充分楽しめるものです。ただし、用途はあくまで日よけです。とはいえ、公園や河川敷、あるいは海水浴の時に、日よけや短時間の休憩で使ったり、荷物置き場として活用したりと、意外と重宝するので便利です。もう少しちゃんとしたテントが欲しいのであれば、キャンプ用と山岳用の大きく2種がありますが、まずはレンタル（P113）で試し、用途に合わせて選ぶとよいでしょう。

❸ 公園の傍らでテントステイ

テントを買ったらまずは家で張って、テントの建て方を覚えましょう。慣れたら、いよいよ外で使ってみます。公園、河川敷、海辺、BBQ場……どこでもよいのですが、大事なことはそこで張ってもよいのかどうか、ということです。場所によってはテント設営が禁止されているところもあるので注意が必要です。テントがOKであれば、ぜひ張ってみましょう。テントのなかでごろんと横になってみたり、テントの出入り口に敷物を加えて半身を外に出して空を眺めてみたり……。家のなか

テントのほかに敷物を持参するととても便利

とは異なる河原や芝生、いろんな場所で横になることで、子どもも大人も発見があることでしょう。虫のいる季節には、蚊取り線香を持参することも忘れずに。

❹ 段階を踏んで山で〝食べる〟！

眺めのよい場所で食べるお菓子はすごくうまい！

もうひとつ試してほしいのが、自然のなかでの食事です。初めは、おにぎりやお弁当だけでもいい。慣れたら、お湯を使ってカップ麺を作ったり、かんたんな調理をしたりしたらさらに楽しくなってきます。普段と変わらない食べ物を、単に外で食べるだけじゃないか、と思われるかもしれません。でも、大人でもBBQが楽しいように、子どもにとっても外で食べるということは普段以上に食べ物がおいしく感じるものなのです。麓で慣れてきたら、今度は少し登って眺めのよいところで食事をしてみてください。食事に限らず、おやつを食べに山に行く、でもかまいません。理由はなんであれ、初めは山や自然にふれる回数を増やすことが大切なのです。

Let's try cooking !
お手軽！山ごはん

自然のなかで食べるごはんは本当においしい。だから、おにぎりやお弁当持参のピクニックから始めたらいいのでは？というのがHiker's_note_1（P56）の提案でした。けれど、ありあわせのものを持っていって食べるだけじゃなく、自然のなかで積極的に料理をして、もっともっとごはんを楽しみたい。そう思うのは自然の流れでしょう。そこで、ここでは手軽に始められる山ごはんの器具やレシピについて解説したいと思います。

❶ 断熱ボトルを活用しよう

山で調理を楽しみたい。そう思ったひとに、最初におすすめしたいアイテムが断熱ボトルです。断熱ボトルとはお湯を入れても冷めにくく、冷水をいれても温まりにくい保温ボトルのことです。単に保温ボトルとしなかったのは、ボトルに真空層が設けられ、より断熱性の高いものの方がおすすめだからです。断熱ボトルであれば、例えば沸騰したお湯をいれて半日経った後でも、ものによっては80℃以上を維持できるので、山中でカップ麺やコーヒーを楽しむことができます。また、夏は氷水をいれておけば温まりにくいし、山だけでなく、普段の生活でも使えるのが、断熱ボトルの利点です。

凹むと断熱性が失われるので取り扱いには注意

❷ テーブルで〝文化レベル〟をUP！

100円ショップのイスをテーブルに（P113）

調理器具ではありませんが、野外での食事をより快適にしてくれるアイテムを２つ紹介します。ひとつは敷物です。椅子やテーブルが設置してある場所であれば問題はありませんが、野外では、必ずしもそうした設備があるわけではありません。その際、レジャーシートがあれば、気兼ねなくものを置けたり、作業ができるので重宝します。公園遊びやピクニックでは、ほぼ確実に携行するかと思いますが、山だと忘れがちなので留意したい点ですね。次におすすめなのが椅子です（写真）。

椅子としてももちろん使えますが、テーブル替わりにも使えるのが◎。小さな子どもにとっては地べたに置くよりも食べやすくなります。コップが倒れにくくなるのもよいですね。

❸ いつか欲しい！ コッヘル＆バーナー

調理の幅をさらに飛躍的に広げてくれるのが、ガスバーナーとコッヘル(鍋)です。家庭用カセットコンロでももちろん代用はできますが、重いしかさばるので、おすすめできません。山登りで使うのであれば、やはり登山用のガスバーナーとコッヘルがおすすめです。ガスバーナーはカートリッジ式のガス缶があるので、必要に応じて予備も用意します。カセットコンロ用のガス缶を使えるバーナーもあるので、統一したければそれでもかまいません。ただしその場合、コッヘルにガス缶が収まらないことが多いので、収納時は不便ですね。また、シェラカップ（取っ手付きのお椀）もなにかと便利なアイテムです。

とくに冬は、コッヘル＆バーナーが大活躍！

❹ スタッシャーでサラダチキン！

敷物の上にイスとテーブル。さらにガスバーナーとコッヘルが揃ったので、山で袋ラーメンでも作ってみるか！
もちろん、それだけでもおいしいのですが、もうひと工夫欲しいところ。そこでおすすめしたいのが、シリコン素材の調理器具スタッシャー（1500円＋税）です。冷凍、電子レンジ、湯煎、コンベクションオーブン（250℃まで）が利用できるファスナー付きの食品バッグです。ここでは、以下にサラダチキンのレシピを紹介するので、ぜひ山で試してみてください。

登山前日に用意しておけば、後は山で食べるだけ！

recipe

［材料］

□ 鶏のむね肉　1枚
□ ハーブソルト（塩）小さじ1
□ コショウ　少々
□ オリーブオイル　大さじ1

［作り方］

❶ 鶏むね肉の皮を取り、
肉の両面にフォークで穴を開ける
❷ 肉の表面にハーブソルト、
コショウをよく擦り込み、
オリーブオイルと一緒にスタッシャーに入れる
❸ 鍋にたっぷりのお湯を入れ、沸かす
❹ 鍋の火を止め、②のスタッシャーを
お湯のなかに入れ、蓋をする
❺ そのまま30分〜1時間ほど放置して完成

Hiker's column 1

行動中の水分補給

行動中の水分補給は〝こまめに少しずつ飲む〟のがポイントです。この飲み方だと、発汗や呼気などで失われた水分をその都度補給することができ、脱水しにくくなるとともに、トイレの回数を少なくすることができることもメリットです。では、どのくらいの量を飲めばよいのか。それを計算するための式が下記となります。例えば、体重70キロのひとが10キロの荷物を背負い、4時間の山歩きをした場合、80（kg）×4（h）×5＝1600（mℓ）となり、つまり1.6リットルの水が必要になる計算です。水分と同時に摂取したいのが、糖分、ミネラル分、塩分です。水やお茶でもよいのですが、登山中の水分補給はスポーツドリンクがおすすめです（水も携行のこと）。

［山登りの計算式］

白重（kg）× 所要時間（h）× a＝（mℓ）

行動時：a＝5　生活時：a＝1

——コンビニで選ぶならコレ！——

●ポカリスエット
500mℓ　140円+税

ポカリスエットは体液に近いイオンバランスで、水分と栄養素を効率よく吸収できる。また、糖質が含まれているため、水分補給の効率を高めるとともに、疲労予防にも効果がある。一般に4～8％の糖質が含まれていると、それらの効果が高まるとされている。

●野菜一日これ一本
200mℓ　102円+税

スポーツドリンクのほかにおすすめしたい飲料が野菜ジュース。トマトの酸味が体をしゃっきりさせてくれ、疲労を感じる時はとくにおいしく感じるからだ。野菜ジュースでなくても、酸味のある飲料であれば効果は同じなので、好みにあわせて選びたい。

移動も楽しい
乗り物ハイキング！

移動だって山旅の楽しみのひとつ。
船にバスにロープウェイに……移動自体も楽しむのが、
山旅を充実させるとっておきの秘訣です。
もちろん、体力的にもら～くらく！

- 千葉県 **鋸山**　整備された遊歩道なので小さい子でも安心／3歳～ …… p 62
- 山梨県 **弥三郎岳**　山麓にある昇仙峡散策もおすすめ／3歳～ …… p 66
- 東京都 **神津島・天上山**　山頂にある砂漠と花は圧巻／5歳～ …… p 70
- 東京都 **大島・三原山**　山も海も温泉も楽しめる東京の島／5歳～ …… p 74
- 埼玉県 **宝登山**　下山後は川遊びもできる花の山／1歳～ …… p 76
- 千葉県 **富山**　頂稜部はなかなか手強い急な坂／5歳～ …… p 76
- 神奈川県 **大山**　山懐にある阿夫利神社も見どころのひとつ／4歳～ …… p 77
- 東京都 **八丈富士**　東京の島でもっとも標高の高い山。大展望／6歳～ …… p 77

千葉県 鋸《のこぎり》山《やま》

展望台隣りにある「地獄のぞき」は高度感抜群。けっこう怖い

モデルルート

鋸山ロープウェー山頂駅
▼ 約17分
百尺観音
▼ 約30分
大仏
▼ 約57分
鋸山ロープウェー山頂駅

1｜東京湾を望む　2｜ロープウェイ山頂駅からすぐの展望台　3｜百尺観音に圧倒　4｜日本寺境内を進む　5｜日本寺内は舗装された階段が続く　6｜日本寺で参拝

7｜地獄のぞきはスリル満点。度胸試しにどうぞ　8｜大仏様と一緒にパチリ　9｜いたるところに石仏が

スリリングな地獄のぞきは子どもも大喜び

　鋸山は、千葉県を代表する低山のひとつ。紹介するのは、三角点のある鋸山自体の山頂は踏まず、ロープウェイを利用して、岩山に切り開かれた日本寺境内を歩くコースだ。内房線の浜金谷駅から徒歩約10分、東京湾フェリーが発着する浜金谷港からも近い『鋸山ロープウェー』は、天気がよければ、東京湾や三浦半島、富士山を見渡せる。

　ロープウェイを降りたら、拝観料（大人600円、小人400円）を払って境内へ。観光地だと思って、侮るなかれ。階段の連続で、けっこう息が切れる。隅々まで歩こうと思ったら、かなりの運動量だろう。足元は整備されているので、運動靴で問題ない。

　巨大な岩壁に彫られた百尺観音やスリル満点の地獄のぞき、高さ約31メートルの大仏など、子どもも大人も思わずテンションが上がる見どころも。大仏広場にはトイレや自販機、テーブルとベンチもあり、お昼休憩にぴったりの場所。

　隣の保田駅から表参道を登り、ロープウェイで下山する計画でも。下山後は、新鮮な海の幸を堪能しよう。

Data

場所：千葉県鋸南町・富津市
時間：約1時間45分　標高差：約130m
対象：3歳～　適期：通年
レベル：体力★★☆☆☆／技術★★☆☆☆

ここがポイント！

一泊して絶景を楽しむ

夏場、海水浴客や釣り客でにぎわう南房総は、手軽に泊まれる民宿もたくさん。周囲には海の幸が堪能できる食堂も充実しているので、素泊まりで予約してみても。富士山を背景に、東京湾に沈む夕日は、房総半島ならではの絶景。家族でのんびり楽しんでみては。

ここがポイント！

漁師料理かなや

鋸山ロープウェーから、国道を木更津方面へ車で3分ほど。漁港直送の新鮮な海の幸が楽しめる。刺し身はもちろんよいが、おすすめは絶品のアジフライ。衣はサクサク、身はふわふわ、アジの香りが口に広がる。日帰り温泉施設もあるので、お風呂も一緒に済ませてしまおう。9:30〜18:00（土・日・祝日は19:00まで）。無休。☎0439-69-8101

ごほうび

the Fish

久里浜港と結ぶ東京湾フェリーが発着する金谷港のショップ&レストラン。和洋そろった海鮮料理のほか、地元の名産品などのおみやげが充実。サザエや伊勢海老の生け簀もあり、お魚好きの子どもも大喜び。9:30〜18:30。無休。☎0439-69-2161

アクセス

往復　［公共交通］

JR内房線 浜金谷駅
▼ 徒歩約10分 ▲
鋸山ロープウェー 山麓駅

［マイカー］

富津館山道路 富津金谷IC
▼ 約3km 約5分 ▲
鋸山ロープウェー 山麓駅

※山麓駅には駐車場が併設されている。金谷港と久里浜港を結ぶ東京湾フェリーを組み合わせれば、船旅も楽しめる。

［問い合わせ先］
富津市観光協会☎0439-80-1291
鋸山ロープウェー☎0439-69-2314

トイレ情報

トイレのない山道というわけではないが、浜金谷駅やロープウェイ駅など、あるところで確実に済ませておこう。お弁当スポットに最適な大仏広場にもトイレがある。

コンビニ・スーパー

浜金谷駅から徒歩5分ほどのところにコンビニがある。ロープウェイ駅構内にも自動販売機や売店があり、行動食程度なら調達可能。大仏広場にも自動販売機がある。

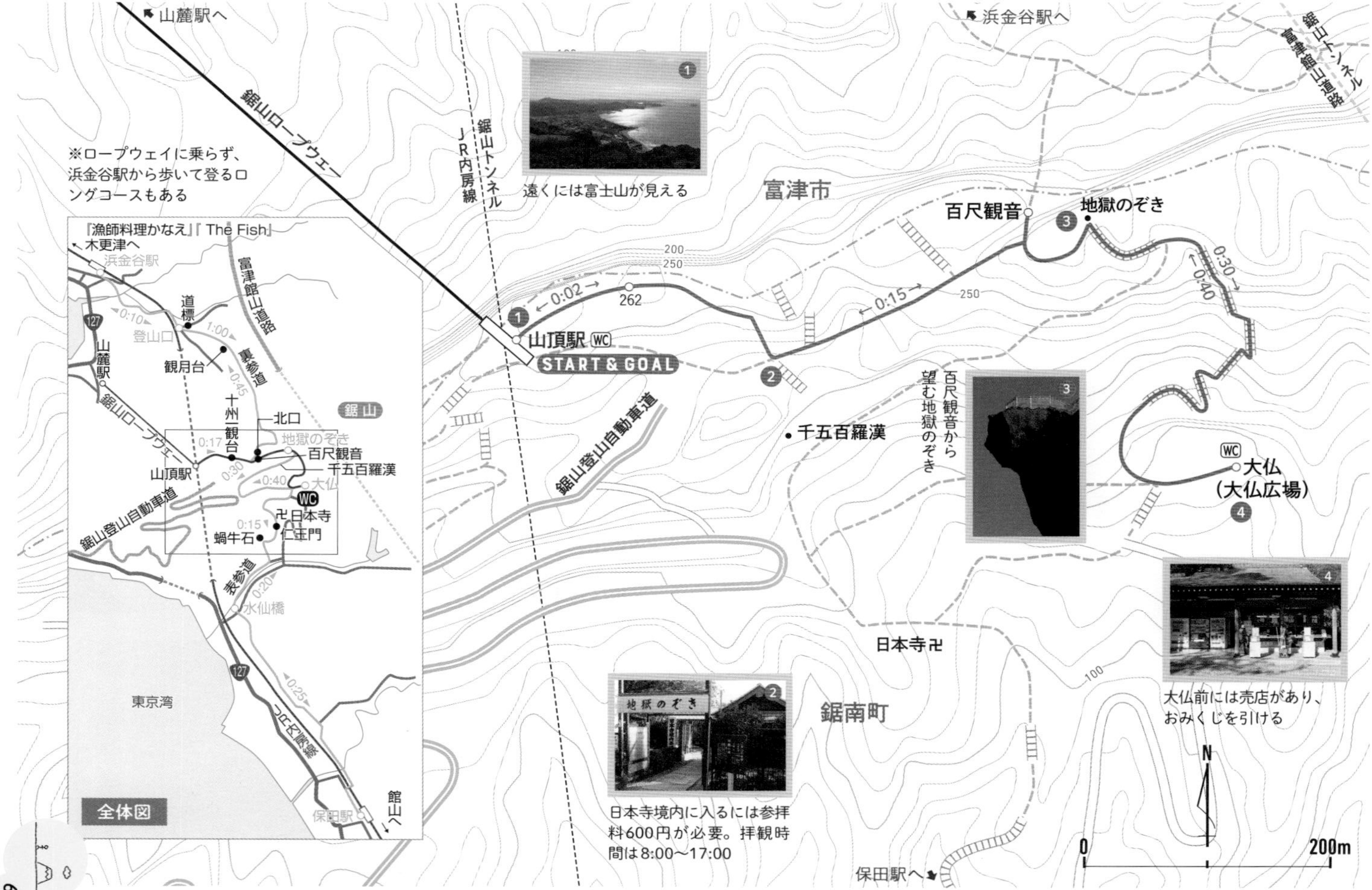

※ロープウェイに乗らず、浜金谷駅から歩いて登るロングコースもある

遠くには富士山が見える

百尺観音から望む地獄のぞき

日本寺境内に入るには参拝料600円が必要。拝観時間は8:00～17:00

大仏前には売店があり、おみくじを引ける

山梨県

弥三郎岳《やさぶろうだけ》

1｜昇仙峡ロープウェイ。山頂（パノラマ台駅）までは所要約5分。大人往復1300円　2｜パノラマ台駅の和合権現。樹齢350年のミズナラの木が祀られている　3｜パノラマ台駅の売店。景色がよいと食欲も湧いてしまう　4｜出だしは、歩きやすい樹林帯を行く。山頂めざして、えいえいおー!

5｜ベンチでひと休み　6｜登山道に階段も。慌てず登っていこう　7｜山頂直下の岩場

モデルルート

昇仙峡ロープウェイ
パノラマ台駅
▼ 約20分
弥三郎岳
▼ 約15分
昇仙峡ロープウェイ
パノラマ台駅

パノラマ台駅近くの展望台。天気がよければ、富士山や南アルプスも

抜群の展望と奇岩が立ち並ぶ渓谷歩き

JR甲府駅からバスで約30分。昇仙峡といえば観光地として有名。でもじつは、山頂稜線までを結ぶロープウェイを使うことで、手軽に絶景を楽しめる山登りができる場所でもあるのだ。

ロープウェイパノラマ台駅を後にすると、白砂の登山道が始まる。よく整備されているので、のんびりと森林浴を楽しみながら歩いていく。後半はちょっとした岩場が登場。とはいっても、3歳くらいになれば、自力で登れる程度のもの。大人がしっかりサポートしながら、一緒に冒険気分を味わおう。

歩き始めて20分ほどで弥三郎岳山頂に到着。山頂自体が大きな一枚岩でできており、平坦部もあるので、ここでお昼を食べられれば最高。ただ、それほど広くない上に、周囲は崖で、柵などはないので、バランスを崩すと非常に危険。特に、低年齢児は目を離さないように。

余力があれば、渓谷沿いの遊歩道も歩いていみよう。高さ30メートルの仙《せん》娥《が》滝《たき》のほか、トーフ岩、熊石、松茸石など、奇岩・奇石が楽しい。

Data

場所：山梨県甲府市	
時間：約35分	標高差：約50m
対象：3歳〜	適期：通年
レベル：体力★☆☆☆☆／技術★★☆☆☆	

8―360度の展望が楽しめる山頂からは、富士山も　9―長い歳月をかけて造り出された花崗岩の造形。天狗の横顔に見える？

ここがポイント！

昇仙峡
クリスタルサウンド

水晶で有名な昇仙峡。ロープウェイ仙娥滝駅山麓のすぐ近くにある、『クリスタルサウンド』は、水晶をはじめ、ダイヤやエメラルドなどの宝石や、宝石を加工して作った美術品など、世界中の宝石・鉱石を展示。繊細な加工品のほか、巨大なパワーストーンがいくつも並ぶ。』9:00〜17:00。無休。入館無料。☎055-287-2101

ごほうび

円右衛門《えんえもん》

流しそうめんや山梨名物ほうとうが自慢のお店。ロープウェイ乗り場の向かい側、大きな水車が目印。屋外に設けられた客席で、自然を楽しみながらいただく流しそうめんは格別。地元野菜の天ぷらと一緒にどうぞ。10:30〜17:00（季節によって変更）。無休。☎055-287-2120

アクセス

往復　［公共交通］

JR中央本線 甲府駅南口
▼ 山梨交通バス 約50分 920円 ▲
昇仙峡滝上バス停
▼ 徒歩3分 ▲
昇仙峡ロープウェイ 仙娥滝駅
▼ 昇仙峡ロープウェイ 約5分 ▲
昇仙峡ロープウェイ 山頂パノラマ台駅

［マイカー］

中央自動車道 甲府昭和IC
▼ 約14km 約35分 ▲
昇仙峡ロープウェイ 仙娥滝駅

※仙娥滝駅には駐車場が隣接している。

［問い合わせ先］
甲府市観光協会☎055-226-6550
昇仙峡ロープウェイ☎055-287-2111
山梨交通バス☎055-223-0821

トイレ情報

観光地のため、トイレに困ることはそれほどないだろう。ロープウェイ駅はもちろん、数箇所ある駐車場や、遊歩道途中など、要所要所にトイレがある。

コンビニ・スーパー

昇仙峡周辺にスーパーなどはないが、仙娥滝周辺に飲食店もあり、パノラマ台駅では軽食も販売している。弥三郎岳でピクニックがしたければ、あらかじめ用意していこう。

仙娥滝駅
荒川
7
円右衛門
昇仙峡滝上バス停
〒昇仙峡郵便局
昇仙峡
クリスタルサウンド
WC
P
⛩夫婦木神社姫の宮
←0:15→
昇仙峡グリーンライン
昇仙峡ロープウェイ
仙娥滝は昇仙峡の
見どころのひとつ
登山道付近から
望む稜線岩稜
昇仙峡遊歩道入口
仙娥滝
甲府市
八雲神社
⛩
START & GOAL
パノラマ台駅
0:05→
←0:05
展望台
0:15→
←0:10
弥三郎岳
1058
岩場
甲斐市
昇仙峡
石門
石門周辺は川沿いの景観も
すばらしい
天狗岩
覚円峯
鎧岩
←0:20→
夢の松島
天狗岩を望める
夢の松島にはトイレがある
県営無料駐車場
甲府駅へ
N
0
500m
750
800
850
900
950
1000
700
650
600

東京都 神《こう》津《づ》島《しま》・天《てん》上《じょう》山《さん》

1｜港から望む天上山。花の百名山でもある天上山は春～秋にかけて花が多く、5月に咲くコウヅシマヤマツツジが有名　2｜登山口には杖がある
3｜眼下に海が輝く黒島山頂直下

モデルルート

天上山黒島登山口
▼約50分
黒島山頂10合目
〈オロシャの石塁往復20分〉
▼約40分
表砂漠
▼約50分 ※裏砂漠経由
不動池
▼約25分
天上山
▼約１時間40分
天上山白島登山口

青い海が美しい神津島。夏休みは海も山も楽しもう！

青い海と山上砂漠。ここは東京の島です

都心から絶景を楽しむのにおすすめしたいのが東京の島。とくに神津島は、船旅を存分に楽しんだ後、1泊登山もできるというちょうどよい距離感とリゾート気分を味わえるところが魅力だ。加えて、天上にある砂漠、咲き誇る花も見どころで、充実した旅だけでなく、山も存分に楽しめるので、夏休みの旅行にぴったりの山だ。

出発は黒島登山口。バス便など交通機関はないので宿に送迎をお願いするか、歩いて向かう。露岩帯を歩き黒島山頂10合目へ。眼下に海が美しい。

この先、余力があればオロシャの石塁、千代池を巡り表砂漠へと向かう。山上とは思えない白砂が美しい表砂漠にはテーブルが設置してあるので、ランチタイムに最適だ。その後、裏砂漠を巡ろう。こちらは表砂漠と対照的な景観で、月面のような印象を受ける。さらに、東京諸島を望む新東京百景展望地、ハート形の池・不動池を巡り、白島下山口へと歩く。下山口手前には最高地点があるので、こちらに立ち寄ろう。

Data

場所：東京都神津島村
時間：約4時間35分　標高差：約390m
対象：5歳〜　適期：通年
レベル：体力★★★★☆／技術★★★☆☆

4｜花、砂漠、展望だけなく、森も美しい天上山。本土の山と比べて、樹高が低いのが特徴
5｜女の子なら大喜びまちがいなしのハート形の池、ここに来れば御利益だってきっとある!?

6｜表砂漠を歩く。島だからこそ楽しめる絶景　7｜稜線上の露岩帯。歩行には注意すること　8｜白島下山口へと向かう。眼下には海が広がり、気持ちよく歩ける　9｜気持ちいい樹林帯

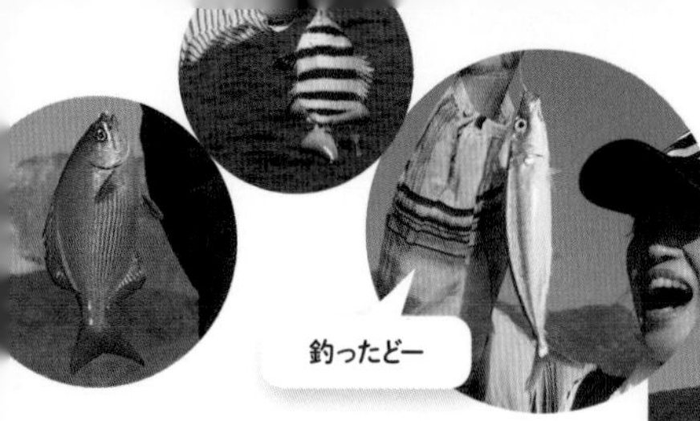

ここがポイント！

絶景に囲まれて釣り

島といえば釣り！ メジナ、シマアジ、カンパチなど、天上山を背景に青い海で行う釣りは最高の楽しみ。神津島に来たなら、ぜひチャレンジしてほしい。観光用に釣り道具を貸しているショップや、釣り体験ツアーを実施している場合もあり、詳しくは神津島観光協会まで。もちろん、釣り用具を持参してもOK。桟橋ならとくに許可は必要なし。

ごほうび

民宿での海鮮バーベキュー

釣った魚はもちろん食べる！ キャッチ&イートのスタイルは絶対子どもも喜ぶはず。同時に命の大切さについても話すことができる。宿によっては釣った魚をさばき、バーベキューにしたり、刺し身にしたりしてくれるところも。事前に可能かどうか、問い合わせよう。

アクセス

往復　［公共交通］

浜松町駅

▼　徒歩　約10分　▲

東京港（竹芝桟橋）

東海汽船
▼　高速ジェット船　▲
最短約3時間5分 9950円～

神津島入港地（前浜港、多幸湾）

※竹芝桟橋には駐車場がある。荒天や高波の場合、現地で接岸できない場合があるので注意。島内の移動はレンタカー・バイク・サイクルがある。自転車の持ち込みも可。天上山黒島（白島登山口）までは、神津島港からは徒歩約40分、多幸湾からは約1時間50分。大型客船も運航。運賃・所要時間は毎月変動。詳しくは東海汽船まで要問い合わせ。

［問い合わせ先］
神津島観光協会☎04992-8-0321
東海汽船お客様センター☎03-5472-9999

トイレ情報

黒島登山口にはトイレが設置されており、山中には不動池、白島6合目にある。いずれかで済ませておく。島での飲料水に配慮し、外での用足しは避けたい。

コンビニ・スーパー

島内にもスーパーはあるが、必要なものは出発時点で揃えておきたい。竹芝桟橋待合スペースにはコンビニがある。また、持ち込んだものから出たゴミはなるべく持ち帰ろう。

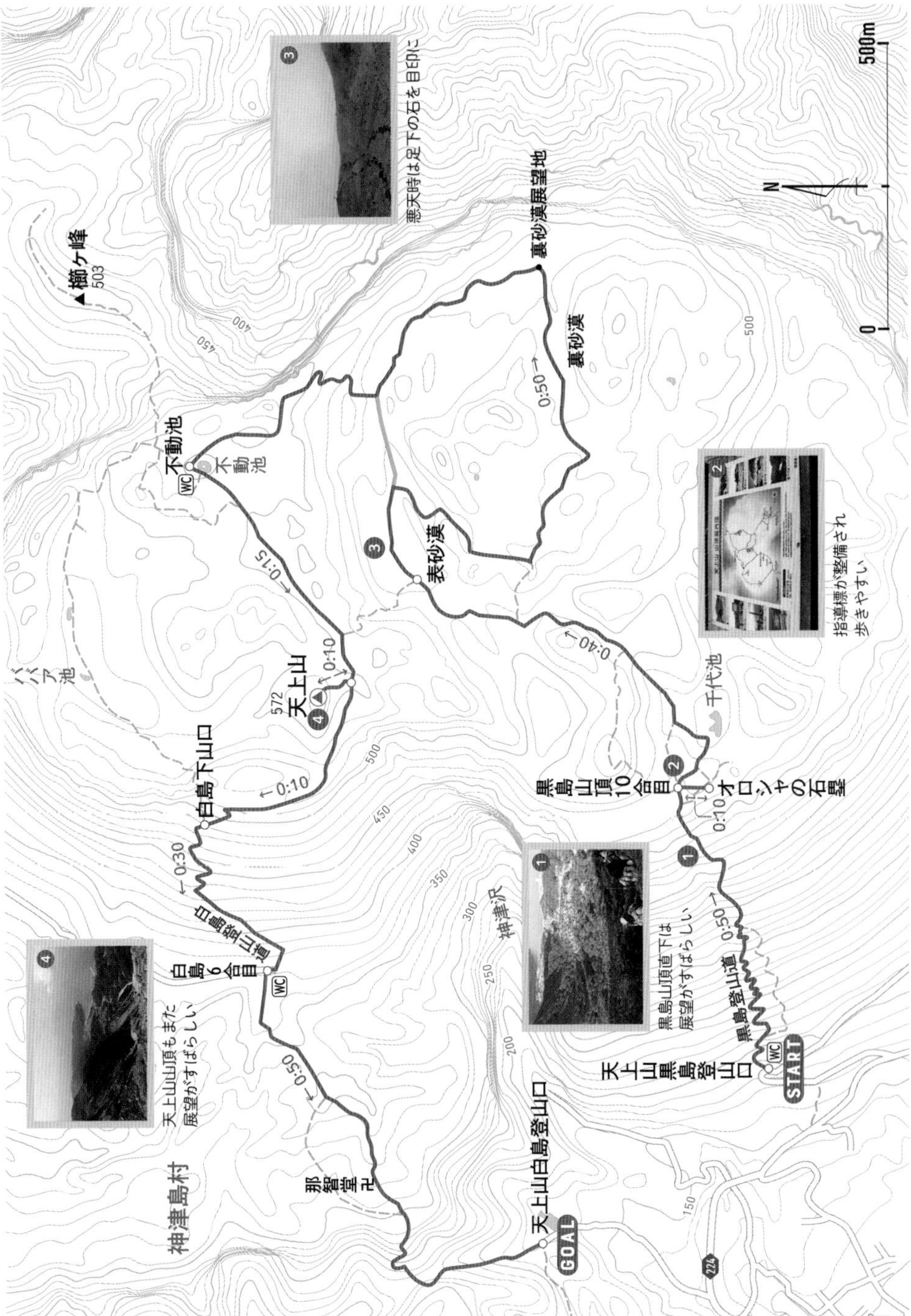

櫛ヶ峰
503
悪天時は足下の石を目印に
裏砂漠展望地
裏砂漠
0:50
500m
0
N
不動池
不動池
WC
0:15
表砂漠
天上山
572
0:10
白島下山口
0:30
白島登山道
白島6合目
WC
0:10
黒島山頂10合目
オロシャの石塁
千代池
0:40
指導標が整備され歩きやすい
黒島山頂直下は展望がすばらしい
神津沢
黒島登山道
0:50
天上山黒島登山口
WC
START
天上山山頂もまた展望がすばらしい
神津島村
那智堂
0:50
天上山白島登山口
GOAL
224
神津島港・多幸湾へ

東京都 大島《おおしま》・三原山《みはらやま》

ここがポイント！

ネイチャーガイドと歩く

三原山は活火山。火山の成り立ちや植生の回復など、実際に歩きながら解説を受けられるエコツアーを楽しむことができる。ガイドの話を聞けば、石ひとつでその物語を知ることもできるし、植生回復の実際を目にすることで、自然の息吹を感じることもできる。まさに、夏休みの絵日記の課題としてぴったり！ 詳しくは観光協会まで。

アクセス

往復　［公共交通］

浜松町駅

▼ 徒歩　約10分 ▲

東京港（竹芝桟橋）

▼ 東海汽船 高速ジェット船 ▲
最短約1時間45分 7340円～

大島入港地（元町港・岡田港）

行き

大島入港地バス停

▼ 大島バス 約25分 900円

三原山頂口バス停

帰り

三原山温泉バス停

▼ 大島バス 約20分 660円

大島出港地バス停

※竹芝桟橋には駐車場がある。荒天や高波の場合、現地で接岸できない場合があるので注意。島内の移動はレンタカー・バイク・サイクルがある。自転車の持ち込みも可。運賃・所要時間は毎月変動。詳しくは東海汽船まで要問い合わせ。

［問い合わせ先］
大島観光協会☎04992-2-2177
東海汽船お客様センター☎03-5472-9999
大島バス☎04992-2-1822

ごほうび

島で1泊

島で1泊、絶景露天風呂とオイルフォンデュを楽しみたいなら大島温泉ホテル。露天風呂の先には三原山、夜は地元産椿オイルを使った伊勢エビのフォンデュを楽しめる。朝食バイキングは野菜が多く、家族に◎。1泊2食1万1000円～。
☎04992-2-1673

トイレ情報

三原山頂口にトイレがあるほか、三原山山頂稜線にもトイレがある。三原山は風が強いことが多く、とくに稜線トイレは下からの吹き上げがあるので要注意。

コンビニ・スーパー

入港地にはショップがあるが、必要なものは出港する前に揃えておくのが無難。

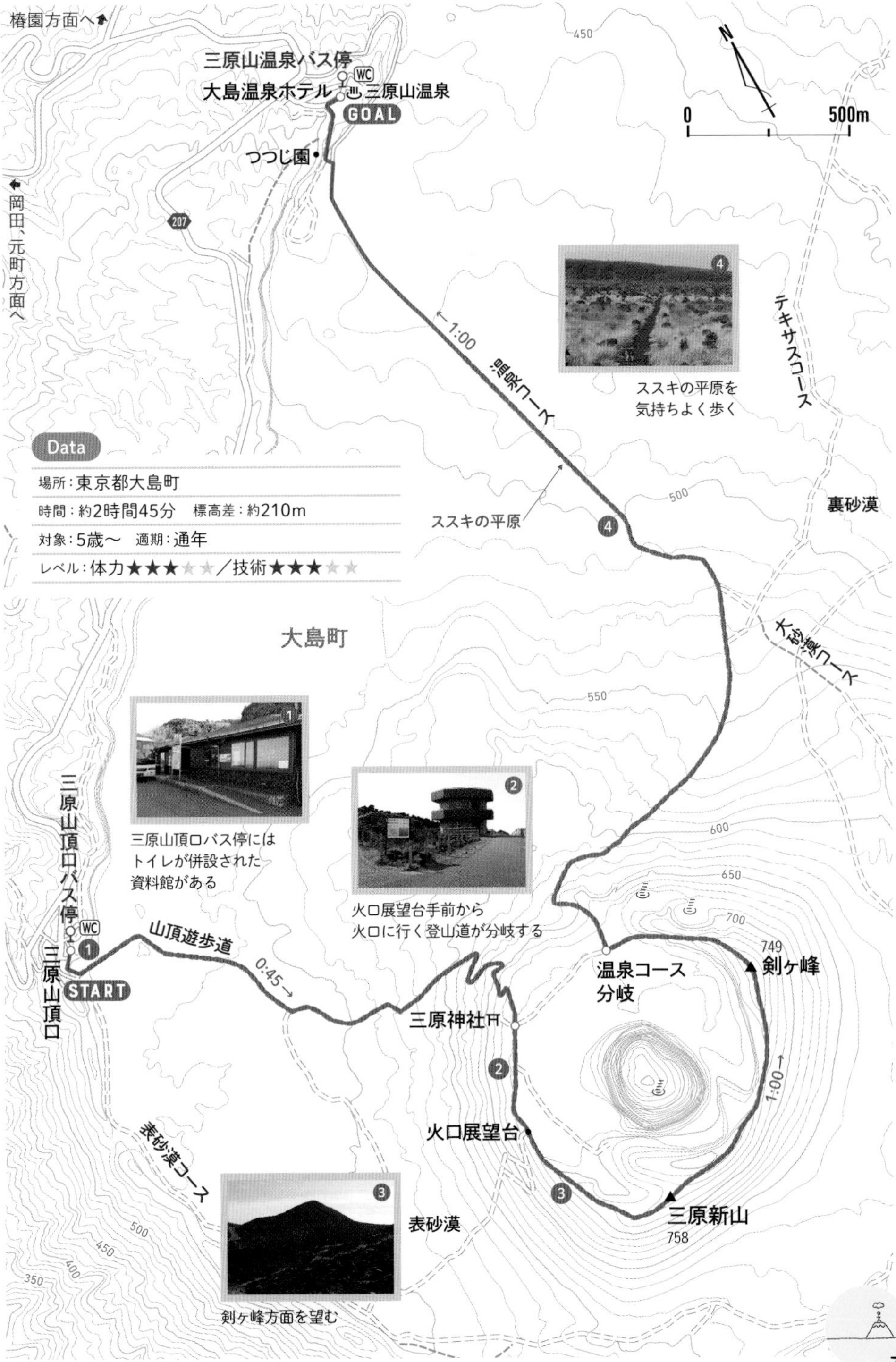

ススキの平原を気持ちよく歩く

三原山頂口バス停にはトイレが併設された資料館がある

火口展望台手前から火口に行く登山道が分岐する

剣ヶ峰方面を望む

Data

場所：東京都大島町
時間：約2時間45分　標高差：約210m
対象：5歳～　適期：通年
レベル：体力★★★★★／技術★★★★★

淡い黄色の花弁が可憐なロウバイ。山頂からの展望も抜群

埼玉県 宝《ほ》登《ど》山《さん》

冬のお花見ピクニックへ

宝登山山頂のロウバイ園は、例年1月上旬から2月上旬が見ごろ。日が短いこの時季は、山頂で梅を見ながらゆっくりピクニックを楽しんだあと、ロープウェイで下山するプランでもよい。登山道はよく整備されており歩きやすいが、登りごたえがあり、すぐに体が温まる。ウェアはレイヤリングで調節しよう。

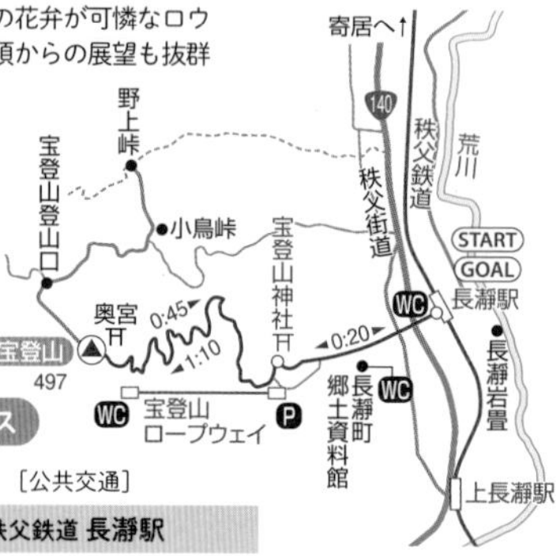

[問い合わせ先]
長瀞町観光協会☎0494-66-3311
長瀞町役場☎0494-66-3111
宝登山ロープウェイ☎0494-66-0258

アクセス

往復　［公共交通］

秩父鉄道 長瀞駅
▼ 徒歩　約20分 ▲
宝登山ロープウェイ山麓駅

Data

場所：埼玉県長瀞町　時間：約2時間35分
標高差：約360m　対象：1歳〜（ロープウェイを使用）
適期：1月〜12月 ※冬は花、夏は川遊びを楽しめる
レベル：体力★★☆☆☆／技術★★☆☆☆

千葉県 富《とみ》山《さん》

ちょこんと立った耳2つが特徴の山

猫耳のような双耳峰がかわいらしい山容の富山。房総の海の玄関口、金谷港にほど近く、東京から旅情ある船旅を楽しめる。岩井駅からは市営路線バス「トミー号」に乗り、水車小屋近くで下車し、舗装路を登る。北峰山頂は整備されており、ピクニックにぴったり。2019年の台風で被害を受け、紹介コース以外は2020年3月現在通行止め。登山道の状況を、事前に問い合わせておこう。

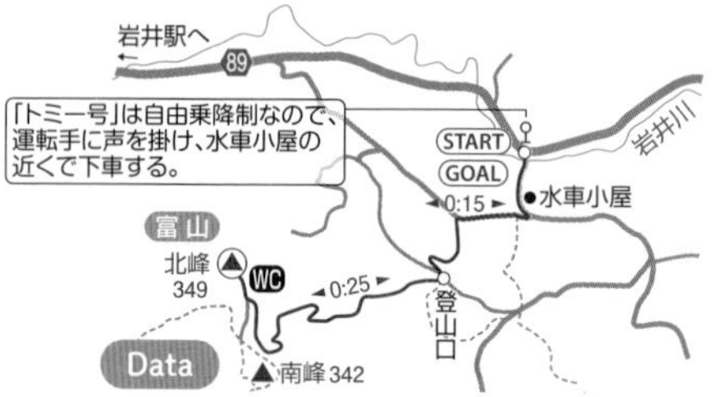

[問い合わせ先]
南房総市観光協会
☎0470-28-5307
京浜急行バス久里浜営業所
☎046-835-1211
東京湾フェリー
☎046-835-8855

アクセス

往復　［公共交通］

京急久里浜駅
▼ 京浜急行バス 約10分 200円 ▲
東京湾フェリーバス停（久里浜港）
▼ 東京湾フェリー 約40分 800円（往復切符は1450円） ▲
金谷港
▼ 徒歩約8分 ▲
浜金谷駅
▼ JR内房線 約12分 200円 ▲
岩井駅

Data

場所：千葉県南房総市　時間：約1時間20分
標高差：約330m　対象：5歳〜
適期：1月〜6月、10月〜12月 ※夏季は適さない
レベル：体力★★☆☆☆／技術★★☆☆☆

船上から望む富山。双子のようなピークが並ぶ双耳峰が印象的

神奈川県 大山《おおやま》

ロマンスカーが旅情感をかきたてる

コース途中の見晴台。展望もよく、絶好の休憩場所

丹沢山塊でもひときわ端正な形の大山。いろいろなルートがあるが、子ども連れなら、ケーブルカーを使って登ってみよう。標高が1000メートルを超え、晩秋になるとけっこう寒い。ピクニックをするなら、ツェルトがあると便利。山頂まで登るのが難しければ、富士見台や見晴台などをゴールとしても充分だ。

アクセス

往復　［公共交通］

往復［公共交通］
伊勢原駅北口
▼ 神奈川中央交通バス 約30分 320円 ▲
大山ケーブル駅バス停
▼ 徒歩約15分 ▲
大山ケーブル駅
▼ 大山ケーブル 約６分 640円 ▲
阿夫利神社駅

Data

場所：神奈川県伊勢原市・秦野市

時間：約3時間30分　標高差：約950m

対象：4歳～　適期：3月～ 5月、9月～ 12月

レベル：体力★★★★☆／技術★★★☆☆

［問い合わせ先］
伊勢原市観光協会
☎0463-73-7373
神奈川中央交通バス
☎0463-95-2366
大山観光電鉄
☎0463-95-2040

東京都 八丈富士《はちじょうふじ》

10時間の船旅の先にある絶景の山

ちょっと贅沢な山旅を楽しみたければ、ぜひ八丈富士へ。大型客船で約半日。本土では見られない景観と、海を見ながらの絶景露天風呂もある。登山ゲートをくぐると、まずは1280段の階段。整備されており、迷うところはないが、825メートル地点から先は爆風に注意。無理だと思えば躊躇せず引き返そう。

Data

場所：東京都八丈島

時間：約3時間　標高差：約310m　対象：6歳～

適期：1月～ 6月 ※冬季は爆風に要注意

レベル：体力★★★★☆／技術★★★☆☆

アクセス

往復［公共交通］
竹芝桟橋
▼ 東海汽船大型客船 最短約10時間20分 8540円～ ▲
八丈島（底土港、八重根港）
▼ タクシー 約30分 ▲
八丈富士登山口

※羽田・調布空港から航空便もある

［問い合わせ先］
八丈島観光協会
☎04996-2-1377
東海汽船お客様センター
☎03-5472-9999

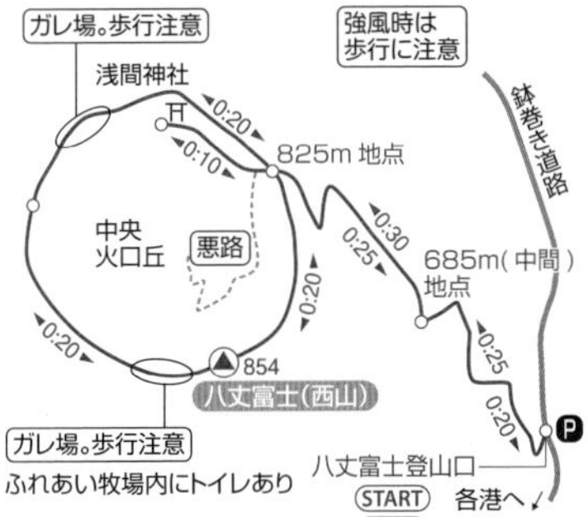

お鉢巡りは、高度感があるミニ縦走。当然ながら、360度、海だ

Techniques of photography

写真を うまく撮ろう

山での思い出を写真に残し、いつかそれを眺めて楽しむことも、山登りのひとつです。ここでは、山でも麓でもすぐに使える撮影テクニックを３つ紹介するので、ぜひ試してみてください。とーってもカンタンですよ！

Technique❶ 目線を変える

とくに意識することなく、写真を撮影していると、自分の目線を軸にした写真ばかりになりやすいものです。するとどうしても、どの写真も似たように見えてしまいます。そこで自分の目線（カメラの位置）を変え、変化をつけることを意識してみましょう。例えば、地面に近い位置から見上げるようにしてみたり、高いところに立って見下ろすようにして撮影してみるのです。たったこれだけで、想像以上に大胆な構図になります。また、このやり方は山にも応用できます。山の大きさを表現したい時には下から見上げるような構図にしたり、上からの遠近感を出すために対象を見下ろしたりすることで印象が変わります。

上から

上から撮影することで、椿の葉のディテールがよりわかるようになっている。子どもに花を持たせることで、子どもがまるで椿の花になったようなイメージに仕上がった

同位置

よくあるパターン。子どもと椿は同等の扱いとなり、平坦な印象を受ける写真。けれど、椿の花自体は正面から撮影しやすいので、記録写真的には優れた構図となる

下から

下からあおることで、椿の樹高がよりイメージしやすくなっている。当日は曇りであったが、晴れていれば空の青、椿の花の赤がひとつのアクセントになっただろう

Technique ❷ 画面を3分割する

写真を撮るとなると、つい画面の真ん中にひとを配置してしまいがち……。そんなひとにおすすめしたいテクニックが、画面の縦横を３つに分割して、１：２の比率で被写体を配置することです。ポイントは１：２の比率。これはひとが美しいと感じるバランスなので、これを意識するだけで、なにか違う！　と感じる絵柄になるでしょう。デジタルカメラやスマートフォンのカメラ機能では、分割画面を設定することができる機種もあるので、こうした機能を活用すれば、線を確認しながら１：２の配置を意識して撮影することもできます。まずは試してみてください。さらに慣れてきたら、絵柄のなかに三角形を入れると絵柄が締まります。例えば下の写真であれば、子どもの顔、ぬいぐるみの顔、ザックの肩ひもなど、丸い形で三角形を意識しました。

分割線がなくとも、意識して撮影すればうまくなる

山行中は取り出しやすいところにしまっておくこと

Technique ❸ とにかく撮る

最後のポイントは、じつはもっとも大事なこと。〝たくさん撮って、消さないこと〟です。興味が少しでも湧いた被写体があれば、とにかくカメラを向けてシャッターを押してみてください。例えその時失敗したな、と思った写真でも、ひとまず消さないことが大切です。たくさん撮影することで、そのなかからお気に入りの写真を選ぶことができますし、失敗した写真についてはなにが原因で失敗したかがわかり、次の撮影に役立てることができるからです。加えて、その時は失敗したなと思った写真でも、後から見返したら案外うまくいっていたり、あるいは失敗作品から思わぬ発見をすることもあるのです。

How to choose clothes & backpacks
アウターとザックについて

ザック、シューズ、レイン（アウター）ウェアの３点が、山登りの基本装備となりますが、ここではとくに大人のアウターウェアと子どものザックについて、注目すべきポイントと機能性、留意点ついて考えてみたいと思います。アウターについては子どもにも共通した考え方なので、下記をベースに考えれば、おのずと子どもウェアにも応用できるでしょう。

アウター編（大人・子ども）

❶ 山ではフードが大活躍

頭からの放熱は想像以上に大きいもの。そのためアウタージャケットのフードは、単に雨をしのぐためだけではなく、防寒対策にも役立ちます。ここで紹介のミレー／ティフォンジャケットは額部にも工夫があり、機能的です。

フードの形はモデルによって異なる

❷ 隙間をふさいで保温

防寒対策で、もうひとつ留意点として上げられるのが袖部の構造です。簡易なゴムタイプのものもありますが、ベルクロで調整できるタイプのほうが、暑さ、寒さに対策をとりやすいのでおすすめです。

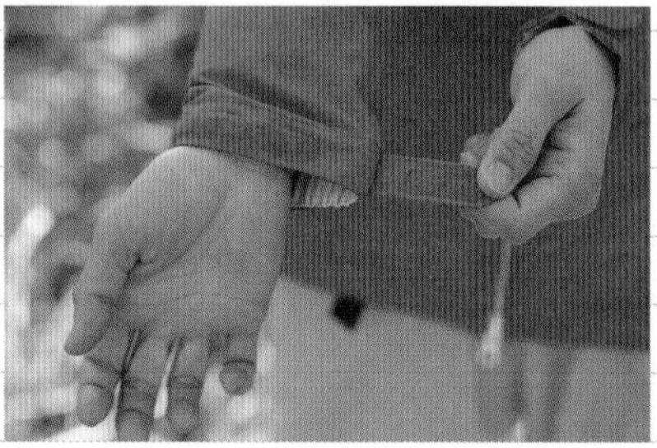

ベルクロタイプは、締め付け過ぎにも注意したい

❸ アウターは伸縮性も大事

防寒対策のほか、注意してほしいのが伸縮性です。近年まで、アウターウェアといえば非伸縮性のものが主流でしたが、最近は素材の開発が進み、より運動に適した伸縮性のあるアウターウェアが販売されています。

とくに肩回りのストレッチ性は重要

ザック編（子ども）

❹ お菓子、水、ウェア。プラスα

最低限もってほしいものはお菓子、水、ウェアの３つです。このほかに、子どもが持って行きたいと思うものを入れればよいでしょう。例えば大人にとってぬいぐるみは荷物ですが、子どもにとっては〝パートナー〟です。

頻繁に取り出すものは上に配置

❺ 時にチェストハーネスを活用

動きが激しい子どもにはチェストハーネスが重宝します。チェストハーネスを締めることで背中でザックがゆれにくくなり、子どもも歩きやすくなります。とくに下りでは、ハーネスをした方が楽になることが多いです。

ハーネスの位置は胸の真ん中より下あたりで

❻ サイドポケットも活用

サイドポケットもなにかと便利。手袋や水など、行動中に出したり、しまったりしやすいものは、サイドポケットに入れておきましょう。ただし、落とし物には注意。落としても見つけやすいものを入れておくのが無難。

用途と好みにあわせてポケットの数を選ぼう

❼ 普段使いには反射板！

ザックは普段使いもできる、使用頻度の高いアイテムです。だからこそ、留意したいのが暗い場所で光る反射板です。ザックに反射板が備え付けてあるものを選べば、反射板をなくす心配もなく、便利です。

購入時は店員にどこが反射するかを聞くとよい

Hiker's column 2

栄養補給① 行動食

P60で紹介した〝山登りの計算式〟は、栄養補給でも使えます。例えば、体重70キロのひとが10キロの荷物を背負い、4時間の山歩きをした場合、80（kg）×4（h）×5＝1600（kcal）の糖質が必要になります。登山に必要な栄養素として糖質はとても重要なのですが、糖質だけでなく、タンパク質も同時に摂ることを心がけてください。疲労軽減と疲労回復に効果があるからです。また、GI値（グリセミックインデックス）にも注意してください。血糖値が急激に上がりにくいGI値が低いものを行動食に選ぶとよいでしょう。例えばパンよりもおにぎりの方が一般的にはGI値が低いので、あえて選ぶとすれば、行動食はおにぎりの方がよいと思います。

──コンビニで選ぶならコレ！──

●大塚製薬 SOYJOY
プレーン　114円+税

大豆由来のスコーンバー「SOY JOY」はGI値が低いのが特長。1本（25g）あたりのタンパク質は4.7gであり、ごはんに含まれるタンパク質のおよそ7.5倍にあたる。GI値、タンパク質の量を考えると、登山における行動食としては最適の食品である。

●森永製菓　in BAR
プロテイン ベイクドビター　114円+税

大きな特長は、1本あたり（35g）に含まれるタンパク質量が10.4gで、ごはんのそれに比べて約12倍が含まれていること。また、タンパク質からエネルギーや筋肉がつくられる際に必要となるビタミンB群が多く配合されている点も、行動食としてふさわしい理由である。

●セブンプレミアム
大粒のブルーベリー　188円+税

自然食品も食べたいというひとにおすすめしたいのがブルーベリー。ブルーベリーには疲労回復などの効用もあるが、なにより、食べておいしいことが◎。凍った状態でもっていけば初めはシャーベットのように食べることができ、解けたら、フルーツとして楽しめる。

スリル満点！
冒険の山登り

山登りはいつだって、
子どもにとっては冒険です。
そんな冒険の魅力をさらに高めてくれるのが岩に沢。
子どもの冒険心をくすぐる山旅にいざ！

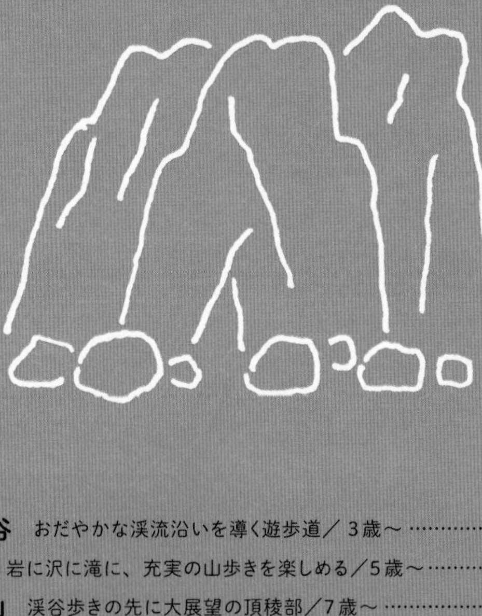

- 千葉県 **養老渓谷** おだやかな渓流沿いを導く遊歩道／３歳〜 …… p 84
- 東京都 **御岳山** 岩に沢に滝に、充実の山歩きを楽しめる／5歳〜 …… p 88
- 埼玉県 **棒ノ折山** 渓谷歩きの先に大展望の頂稜部／7歳〜 …… p 92

千葉県 養《よう》老《ろう》渓《けい》谷《こく》

1｜駐車場から指導標に従い、住宅地を歩いていく　2｜川底がナメ床になっている。水の中も観察してみよう　3｜太陽高度の低い冬は、光の反射が美しい　4｜粟又の滝を眺めてひと休み

モデルルート

原の台バス停
▼ 約15分
滝巡り遊歩道入口
▼ 約1時間
粟又の滝
▼ 約5分
粟又ノ滝バス停

渓谷沿いにつけられた遊歩道。木漏れ日が心地よい

絶景の渓谷歩きを楽しめる〝遊歩道〟

千葉県の山は、渓谷が本当にすばらしく、家族連れでも気軽に訪れることができる谷や名瀑が充実している。紹介するのは、房総半島の中央部に位置する養老渓谷。温泉地としても有名だ。

名瀑・粟又《あわまた》の滝《たき》周辺につけられた「滝めぐり遊歩道」は、2キロほどのハイキングコース。新緑や紅葉が素晴らしいことはもちろんだが、冬枯れた木々から降り注ぐ木漏れ日も雰囲気がよい。

原の台バス停付近の駐車場から歩きだす。トイレがあるので、済ませておこう。「滝めぐり遊歩道」の道標に従って歩く。くねくねとした舗装道路を下っていくと、養老川沿いの遊歩道にでる。渓谷歩きといっても、ナメ床の穏やかな流れに沿って舗装された道であり、小さな子どもでも安心。途中に何箇所か、飛び石のようなところもあり、ちょっとした冒険気分も。フィナーレを飾る粟又の滝は、全長100メートル、房総一を誇る滝だ。

谷沿いで日陰も多いので、秋、冬はしっかりした防寒具を忘れずに。

Data

場所：千葉県大多喜町
時間：約1時間20分　標高差：約40m
対象：3歳〜　適期：通年
レベル：体力★★☆☆☆／技術★★★☆☆

5｜粟又の滝入り口。すぐそばに粟又ノ滝バス停がある
6｜落ちないように気を付けて　7〜9｜河原に下りられる場所もあるが、滑りやすいので、くれぐれも注意

ここがポイント！

養老渓谷駅足湯

起点となる養老渓谷駅には、足湯が併設されている。鉄道または駅駐車場利用の場合は、無料で入浴可能。それ以外は、大人140円、小人70円。列車の待ち時間を利用して、疲れた足を癒やしていこう。また、駅前には観光案内所もあるので、ハイキングの前に立ち寄ってみよう。

ごほうび

滝見苑けんこう村 ごりやくの湯

粟又の滝から800メートルほどのところにある日帰り温泉施設。養老温泉街の各旅館でも日帰り入浴可能だが、ハイキングコースに一番近いのがここ。露天風呂は広々としており、食事処も併設されている。10:00〜19:00最終受付（季節によって変更）。入浴料1100円。☎0470-85-0056

アクセス

行き　［公共交通］

小湊鐵道 養老渓谷駅

▼ 小湊鐵道バス 約12分 340円

原の台バス停

帰り

粟又ノ滝バス停

▼ 小湊鐵道バス 約15分 400円

小湊鐵道 養老渓谷駅

往復　［マイカー］

圏央道 木更津東IC

▼ 約31km 約40分 ▲

原の台バス停

※原の台バス停には駐車場が併設されている。粟又ノ滝バス停から原の台バス停までは徒歩約30分。

［問い合わせ先］
養老渓谷観光協会☎0436-96-0055
小湊鐵道バス☎0470-82-2821

トイレ情報

原の台バス停付近の駐車場と、粟又の滝付近の駐車場にトイレあり。養老渓谷駅のトイレは新しくて清潔。駅には観光案内所もあるので、マイカーの場合でも立ち寄ってみよう。

コンビニ・スーパー

駅周辺を含め、ほとんどないと思っていたほうがよい。行動食や昼食などは、あらかじめ充分な量を用意しておこう。写真は、養老渓谷やまびこセンター近くのスーパー。

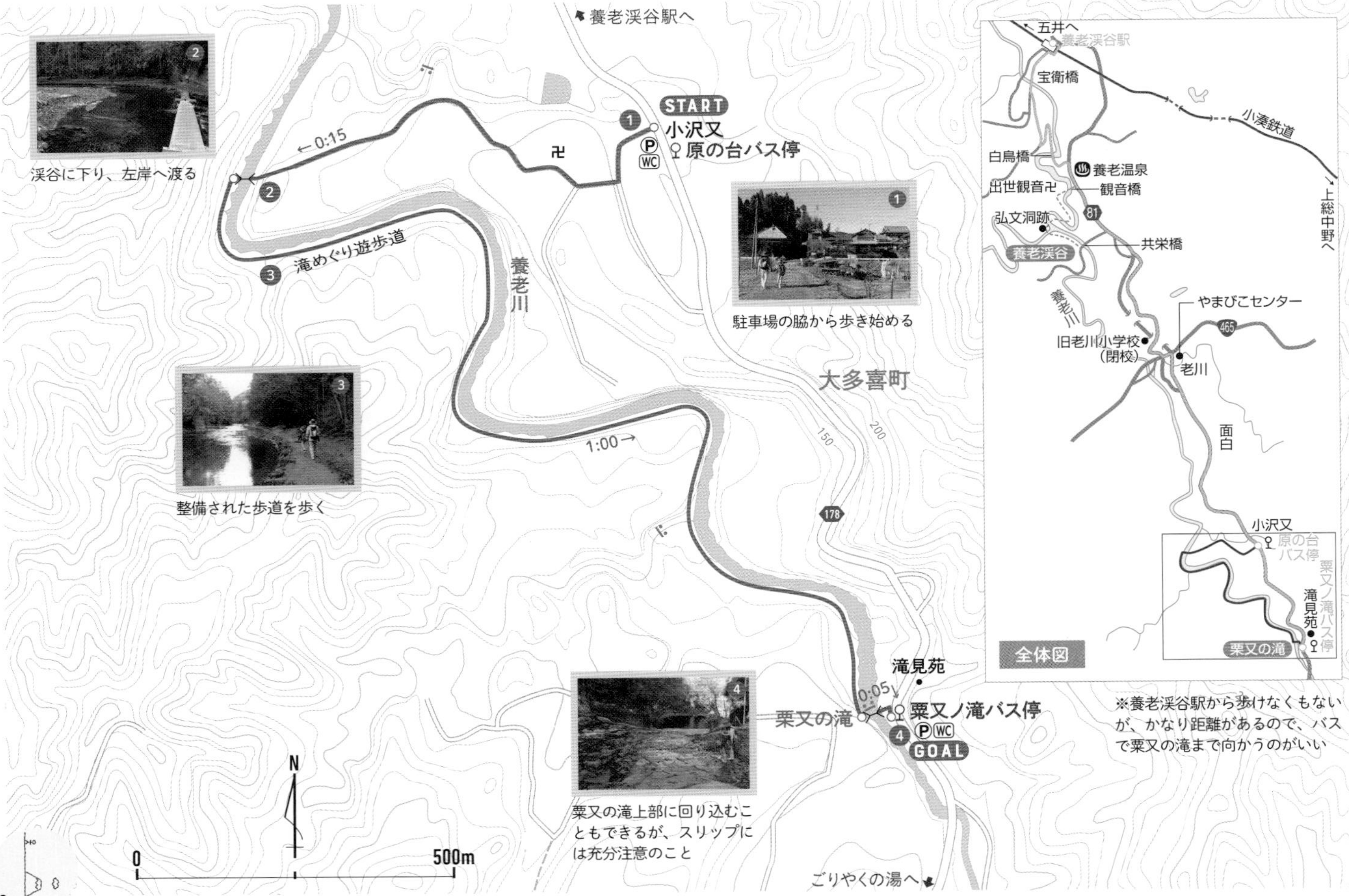

渓谷に下り、左岸へ渡る

駐車場の脇から歩き始める

整備された歩道を歩く

栗又の滝上部に回り込むこともできるが、スリップには充分注意のこと

※養老渓谷駅から歩けなくもないが、かなり距離があるので、バスで栗又の滝まで向かうのがいい

東京都 御岳山《みたけさん》

モデルルート

御岳山駅
▼約１時間10分
長尾茶屋
▼約１時間25分
綾広の滝
▼約１時間40分
長尾茶屋
▼約40分
御岳山駅

七代の滝にて記念撮影。新緑時季がおすすめ

4｜長尾茶屋から徒歩約5分の展望台。テーブルが設置されランチに最適　5｜長尾茶屋からの下り。露岩帯では手袋があると便利
6｜天狗岩のクサリ場

1｜子どもにうれしい記念写真スポットももちろん完備！　2｜武蔵御嶽神社に向かう参道には宿坊のほか、おみやげ店も立ちならぶ　3｜ケーブルカー御岳山駅左手から御岳山をめざす。右手には展望地がある

7｜天狗岩からロックガーデンへ。落ち葉の頃も雰囲気がいい
8｜沢沿いの道なので涼しい

大人も侮れない岩と沢の入門登山

都心部からのアクセスも比較的容易で、神社から沢歩きを楽しめる御岳山は近年パワースポットとしても注目され、多くのハイカーが訪れる。一方で、沢歩き、滝巡り、岩歩きが楽しめる本コースは子どもにとってはちょっとした冒険気分を味わえるルートでもある。

御岳山駅から舗装道路を歩き始める。宿坊を抜け、坂を登って行くと右手に大きい神代欅《じんだいけやき》が。さらに登るとやがて武蔵御嶽神社へ。お参りしてから登山を始めよう。神社から少し下ると、山道が始まる。長尾茶屋から日の出山方面に向かうと展望台がある。茶屋から下り、七代の滝へ。露岩があり、滑りやすい。七代の滝周辺も滑りやすいので滑落注意。滝から階段を登り、急登をさらに進む。登り切ったところで天狗岩。ちょっとした岩場、クサリ場を楽しめるが、頂上部では滑落注意。

天狗岩を下るとロックガーデン、休憩舎を経て綾広の滝へ。山岳信仰の一端に触れることができる。下山は天狗岩から左にとり、トラバース道をゆけば長尾茶屋に至る。

Data

場所：東京都青梅市　時間：約4時間55分
標高差：約230m　対象：5歳～
適期：4月～11月　※冬季は積雪、凍結に注意
レベル：体力★★★★☆／技術★★★★☆

ここがポイント！

武蔵御嶽神社

創建は実在天皇として最初ともいわれる崇神《すじん》（10代）天皇の時代、約2100年前とされる。関東の霊山として信仰され、魔除けの神「おいぬ様」として親しまれている「大口魔神」は犬ではなく日本狼。滝行なども体験できる修行体験講座も実施されているので、興味ある方はぜひ。社の参拝は9:00〜16:00。☎0428-78-8500

ごほうび

東峯園《とうほうえん》

御嶽駅の向かいにある中華料理店。期待を裏切らない町中華の味わい。おすすめは、手打ち麺のしょうゆラーメン。淡いスープが麺とよく合う。10:00〜20:30。木曜定休。☎0428-78-8376　そばなら迷わず玉川屋。11:00〜18:00。月曜定休。☎0428-78-8345

アクセス

往復　［公共交通］

JR青梅線 御嶽駅
▼ 西東京バス 約10分 290円 ▲
ケーブル下バス停
▼ 徒歩3分 ▲
滝本駅
▼ 御岳山ケーブルカー 約6分 600円 ▲
御岳山駅

往復　［マイカー］

圏央道 日の出IC
▼ 約18㎞ 約30分 ▲
滝本駅

※滝本駅周辺には駐車場がある。

［問い合わせ先］
西東京バス☎0428-83-2126
東京都御岳ビジターセンター
☎0428-78-9363
御岳登山鉄道☎0428-78-8121

トイレ情報

御岳山駅構内のほか、山中にトイレが1カ所、ロックガーデンと綾広の滝の中間地点にある。テーブルも設置されているので、休憩にちょうどよい。

コンビニ・スーパー

御嶽駅周辺にコンビニ、スーパーはないが、ケーブルカー滝本駅、御岳山駅には飲み物、パンなどを購入できる施設がある。必要なものは事前に揃えていくのがよい。

N
0
500m
御嶽駅へ
650
600
550
500
滝本駅
WC
P
P
ケーブル下バス停
850
800
750
700
大塚山
920
奥多摩町
御岳山ケーブルカー（6分）
御岳山駅
START & GOAL
WC
0:30
0:20
WC
御岳ビジターセンター
神代欅の上部は一部補修されている
1
青梅市
武蔵御嶽神社では古式ゆかしい祭りが通年で開催されている
2
850
900
1 神代欅
0:10
WC
0:10
御岳山
929
0:10
2 武蔵御嶽神社
WC
関東ふれあいの道
長尾茶屋
奥の院
平坦な道
0:10
展望台
天狗岩の下部のクサリ場は切れ落ちていて危険
3
850
800
750
700
0:50
0:40
0:25
0:35
3
鉄ハシゴ
七代の滝
天狗岩
綾広の滝は夏でも涼しい
4
650
1:00
WC
4
休憩所
0:50
綾広の滝
600
あきる野市
ロックガーデン
養沢川

埼玉県 棒《ぼう》ノ《の》折山《おれやま》

1｜1986年にできた有間ダムによって生まれたのが名栗湖。紅葉時季もよい　2｜要所に木の杖もあるが、渓谷歩きが中心なので必要ないだろう　3｜登山口付近の様子。登山道はよく整備されている　4｜枝打ちされ、樹間から光りが差し込む

5｜大きな岩に迎えられ、子どもたちの冒険は始まるのだ！　6｜時々空も見上げてみよう　7｜歩きやすい登山道から山頂へ

モデルルート

さわらびの湯バス停
▼約30分
白谷沢登山口
▼約２時間30分
ゴンジリ峠
▼約20分
棒ノ折山
▼約15分
ゴンジリ峠
▼約２時間5分
さわらびの湯バス停

棒ノ折山山頂は大展望を楽しめる。広い山頂なのでランチにいい

冒険気分で登る、渓谷デビューの山

都心からアクセスがよく、しかも、本格的な渓谷歩きと大展望が楽しめる奥武蔵・棒ノ折山。沢を渡り、岩をよじ登り、稜線に出る山行はまさに山登り。これから先、番外編の山に登ったり、本格的な山登りに向けての練習をしたい家族にはぴったりの山。逆にいえば、歩きが不安定な子どもの入山は危険だ。ステップアップしながら、いつかの山としてめざしてみよう。

『さわらびの湯』から歩き始める。車道を歩き、ほどなくして名栗湖に至る。湖畔を歩いていくとやがて登山口に至る。奥武蔵らしい樹林帯の登山道が始まる。明るい樹林を登っていくと小川が現れる。ここから冒険が始まるのでストレッチしよう。藤懸《ふじかけ》の滝、天狗の滝、白孔雀の滝など見どころが多い。沢も小さくなり傾斜がゆるくなる頃、谷の最上流に至る。景観がすばらしい。さらにつめるとクサリ場だ。

沢から再び樹林帯を歩き、岩茸石、ゴンジリ峠を経て山頂へ。遠く日光方面まで展望が開ける。下山は滝ノ平尾根を経て『さわらびの湯』に戻ろう。

Data

場所：埼玉県飯能市・東京都奥多摩町

時間：約5時間40分　標高差：約740m

対象：7歳〜　適期：通年

レベル：体力★★★★☆／技術★★★★☆

8｜指導標は多くあるが、岐路ではとくに見落とし注意　9｜山行中は、マムシも危ない。マムシは事前に写真で姿形を確認、気をつけること　10｜枝道があっても立ち入らぬこと

9

10

8

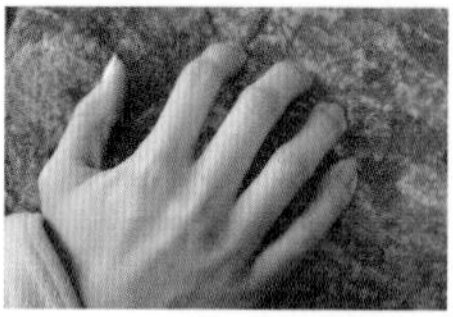

岩をつかむときは指をしっかりホールドさせて

ここがポイント！

岩と沢の入門登山

本書で紹介しているコースのなかでもレベルの高い山なので、入山時は滑落には充分注意すること。また、降雨や沢の流水量が多いと予想される時には非常に危険なので入山しないこと。ただし、条件がよければ快適な渓谷歩きと簡単な岩のぼりができるので、アスレチック好きの子どもは喜ぶことだろう。

かなり本格的な山登りを楽しめます！

ごほうび

さわらびの湯

出発点となるさわらびの湯はアルカリ性単純泉の日帰り入浴施設。効能は疲労回復もあるので下山後にぜひ。地元産食材のほか、手作り工芸品もあるみやげものコーナーものぞいてみよう。10:00～18:00。第１水曜定休。入浴料800円。☎042-979-1212

アクセス

往復　［公共交通］

西武池袋線 飯能駅

▼ 国際興業バス 約45分 630円 ▲

さわらびの湯バス停

往復　［マイカー］

圏央道 青梅IC

▼ 約20㎞ 約40分 ▲

さわらびの湯

※『さわらびの湯』には駐車場が併設されている。河又名栗湖バス停からも歩ける

［問い合わせ先］
奥むさし飯能観光協会☎042-980-5051
国際興業バス☎042-973-1161

トイレ情報

飯能駅のほか、さわらびの湯駐車場（無料）に併設されたトイレ、有間ダム湖畔にあるトイレ施設の２カ所がある。その先、山中にトイレはないので済ませておこう。

コンビニ・スーパー

近辺にはないので、事前に用意しておくこと。

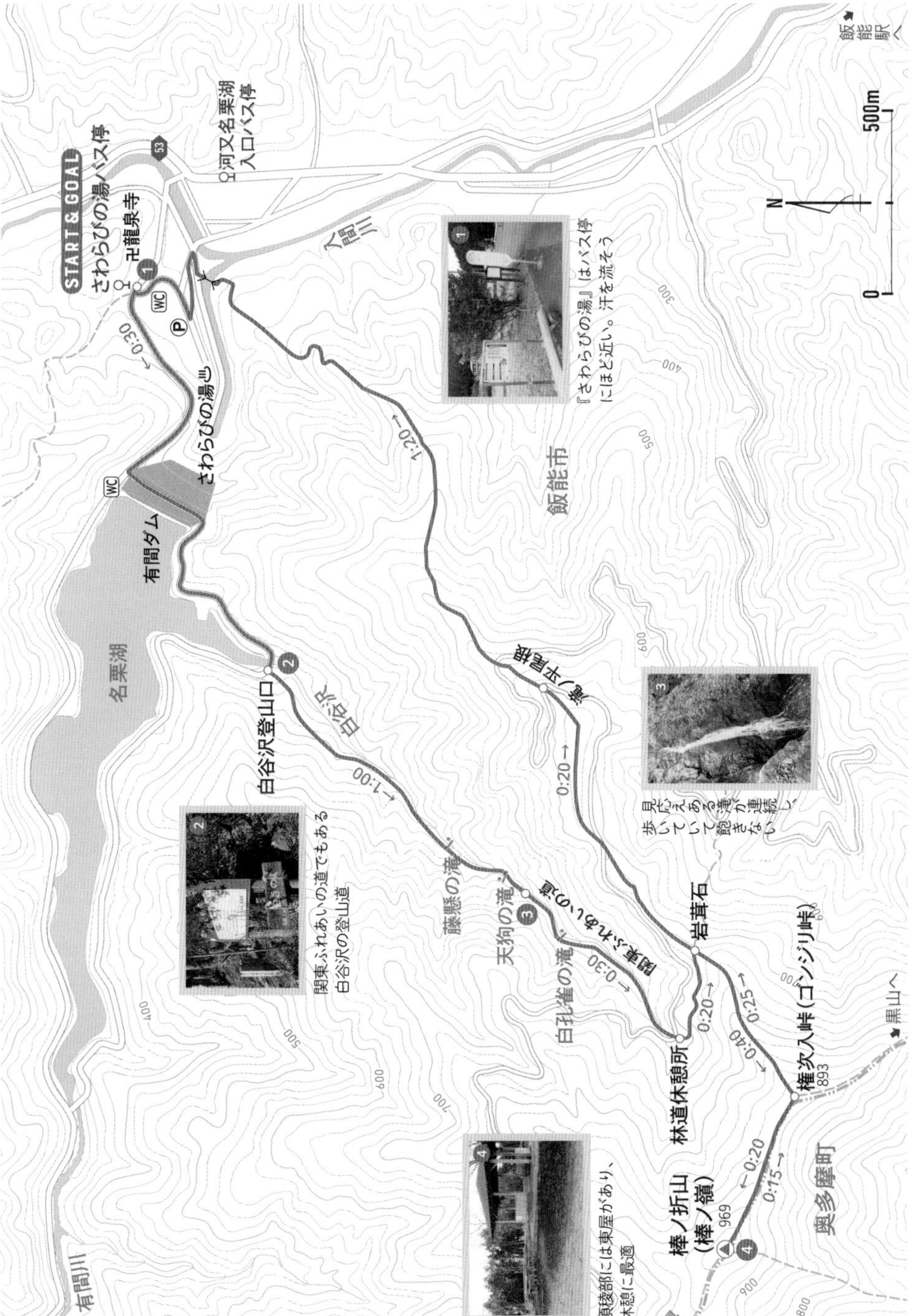

1 『さわらびの湯』はバス停にほど近い。汗を流そう

2 関東ふれあいの道でもある白谷沢の登山道

3 見応えのある滝が連続し、歩いていて飽きない

4 頂稜部には東屋があり、休憩に最適

How to hiking？

山での安全な歩き方

山での基本の歩き方は小股で息が上がらない程度のペースで歩くことです(P136)。ここでは、その歩き方をベースにしながら、実際の山行でいかに安全を確保していくかについて、そのポイントを解説したいと思います。大きく、歩行時の親のポジショニング、ウェアリング、確保の3つがありますが、それぞれ特別な技術も経験も必要ありません。基本に忠実であれば、安全度が高まりますので、覚えるだけでなく、実際の山でも使えるよう、日々練習しておくことが大切です。

[歩き方]

❶ 親は谷側に位置する

登山中であれ下山中であれ、滑落の危険がある場所を歩く際には、谷側に親が位置していることが大切です。もちろんこれは、万が一滑落しそうになった際に、子どもが落ちないように親が止めるための対策です。なお、当然ですが、その前提として滑落させない意識が大切です。つまり、そうした危険箇所では子どもに滑らないよう注意し、親も子どもも安全に配慮しながら歩くことがポイントです。

1｜後ろから支える場合には腰をサポートするとよい　2｜手引きも有効

[覚えておきたいロープワーク]

スリングを伸ばした状態にしておく。2メートル程度が◎

▶

両端を持ち、前からスリングをまわす。一方は腰と肩にかけ、他方は脇から腰にかける

▶

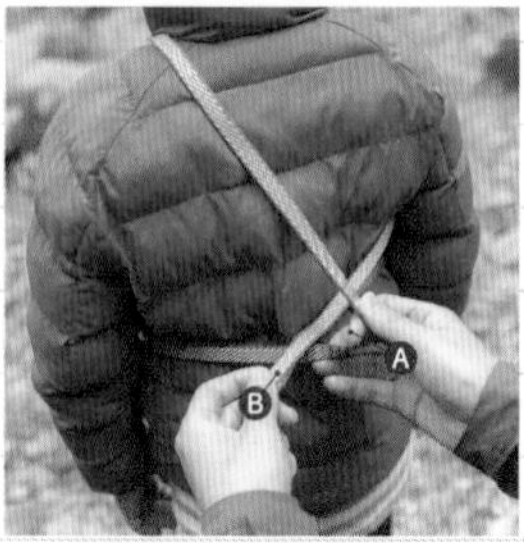

一方の輪Ⓐに他方の端Ⓑを通す。スリングのつなぎ目が端にならないよう注意

▶

❷ 体力温存の秘訣

行動時は汗をなるべくかかないことが体力温存の秘訣です（P132）。そこで提案したいのが、薄手のものを何枚か重ねて着るという工夫です。暑いと感じたら、汗をかく前に上着を脱ぎ、温度調節をしましょう。とはいえ、行動中はやはり汗はかくもの。タオルで汗を拭く際は、首まわりにタオルをかけたままにしておくとかえって暑くなったり、危険なので、その都度出して拭くのがおすすめです。

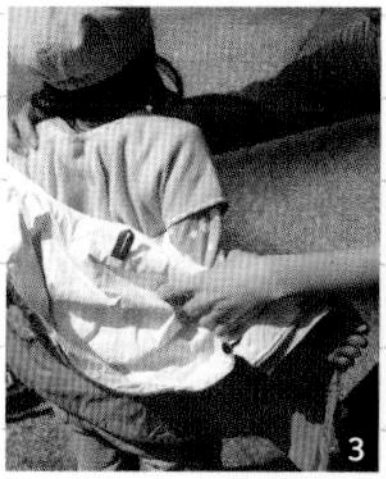

3｜Tシャツも重ね着しておくと便利。体幹を冷やさぬよう　4｜水分補給はこまめにする

❸ スリングとカラビナを活用

最後に紹介したいのが、スリング（化学繊維でできたループ状のヒモ）とカラビナを使った安全確保の方法です。いずれも山道具屋で販売されており、あれば何かと使えるので、余裕があれば購入することをおすすめします。実際の使い（結び）方は下の写真の通りですが、慣れないと難しく感じるかもしれません。しかし、汎用性が高いので、山行前に練習の上、しっかりと身につけておくとよいと思います。

5｜子どもがバランスを崩す前にスリングを引くのがコツ　6｜数セット持参したほうがよい

輪に通した端でループを作り Ⓒと Ⓓの下から通す。この際、ねじれができないよう注意

▶

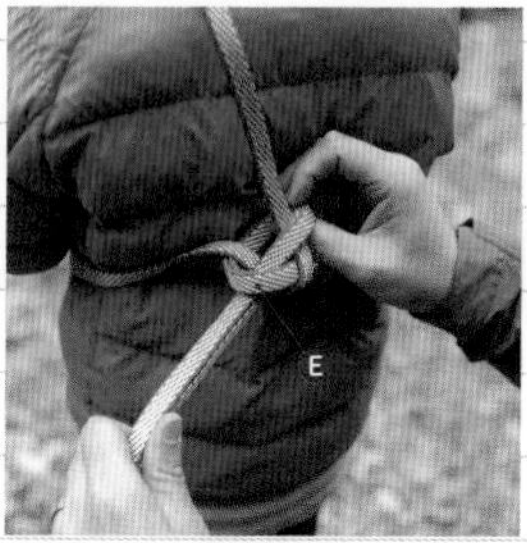

通した端を Ⓔの下に通し、結び目を作る。緩みが出ないよう、しっかりと結んでおく

▶

通した端にできた輪にカラビナを装着。長さが足りない場合はスリングを足して調整する

Risk management
山での危機管理

初心者、経験者に限らず、自分だけは例外。なんて、なんの根拠もなく思ってしまいがちなのが山での事故や遭難です。平地と異なり、山での事故や遭難は、助けがくるまでに時間がかかります。だから、〝自分のことは自分で守る〟という考え方を軸に、少しくらいのピンチは自分で対応できるよう、山に行く前から準備しておくのが必要です。大きな事故が起きてからではもう手遅れです。危機管理は事前準備がすべてであることを忘れずに。

❶ 万が一の遭難のために

山登りにはリスクが必ず伴います。そのため、〝保険〟に入っておくのが必須です。まずはすでに入っている保険が、山岳地での事故にも対応しているか確認してください。多くの場合、対応していないので、その際は山岳保険に加入します。代表的なものとして、jROやレスキュー費用保険などがあります。山岳救助は数十万円、場合によっては数百万円かかることもあるので、強く加入をおすすめします。

❷ ピンチキットを用意しよう

ピンチキットとは、ありがちなケガなどに対応するための救急セットのことです。例えば擦り傷、切り傷などには消毒液①、絆創膏②③などを用意します。絆創膏は大小あると便利です。また、虫さされパッチ⑤も使い勝手がよいです。それと、山ではウェットティッシュ④がなにかと重宝します。これは特殊ですが、ねんざや骨折時に役立つのが、自在に形を変えられる添木（サムスプリント⑥）です。以上をベースに自分なりのピンチキットを作ってみてください。

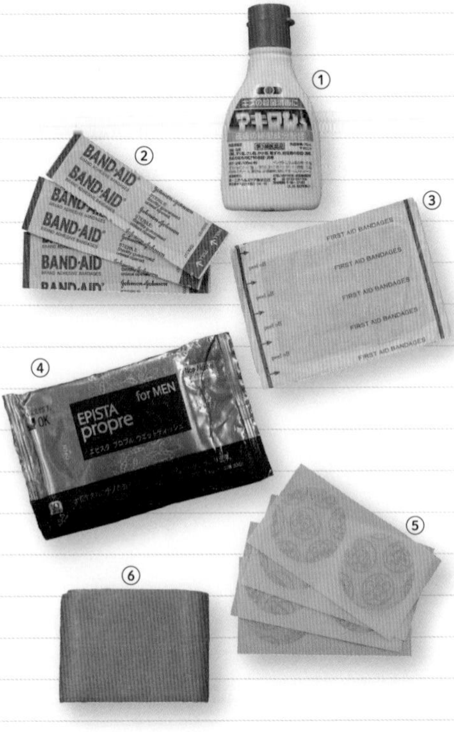

❸ 急な温度変化に

山では、天候急変などにより急激に温度が下がることがあります。とくに夏から秋にかけて、寒さに体がまだ慣れていない頃には、低体温症に留意してください。軽度の低体温症でも、注意力が散漫になることがあるので、事故を誘発します。寒くなる前に着る、を徹底してください。子ども用のウェアを活用するほか、場合によっては大人用のジャケットを羽織ることで、保温力が高まります。あるものをすべて活用する、という考え方が大切です。

大人用ウェアであれば、ザックの上から着せられる

❹ とっさの時に役立つ一枚

急激な温度下降に役立つアイテムがツェルト（簡易テント）です。ツェルトはテントとしても使えますが、羽織ったり、くるまったり、敷物にしたりと使える用途が広いので、1枚あるととても便利です。シートという観点でいえば、レジャーシートでも代用はできますが、その際はなるべく厚手のものを選んだ方がよいと思います。ツェルトは万が一の遭難時にも役立ち、あるなしが生死の分かれ目となることもあるので、1枚用意しておくことを強くおすすめします。

ツェルトをかぶれば、雨具としても使用できる

❺ 山でのトイレ作法

話題がちょっとそれますが、最後に山でのトイレについて解説します。山でのトイレは、トイレがある場所で済ませるがベストですが、ない場合を想定し、携帯トイレを持参するのがおすすめです。携帯トイレは災害時にも役立つので、1枚あってもムダにはなりません。けれど、携帯トイレを忘れてしまったら……。その際は野外で用を足さざるをえませんが、大については微生物による分解を促進させるため、用を足した後、土をかけておきます。なお、紙は持ち帰るのが原則です。

Hiker's column 3

栄養補給② ランチ

行動中に食べる行動食は、糖質を中心にタンパク質にも留意するのがポイントでしたが、昼食（ふだんの食生活でも）はバランスのよい食事をとることが大切です。栄養バランスでいえば、糖質５、タンパク質３、脂質２。このほかに、ビタミンとミネラルを摂取するよう心がけるとよいのです。山での食事は手軽さという観点から、どうしても炭水化物（糖質）に偏りがちなので、積極的に野菜をとるようにしましょう。とはいえ、これらの原則は、泊まりで山に登る時に気をつけたいことです。日帰り程度の山であれば、食べたいものを食べればよいと思います。体力をつけるためにも、ふだんの食生活では栄養バランスに留意したいものですね。

──コンビニで選ぶならコレ！──

●セブンプレミアム
すぐに使えるブロッコリー
150円+税

ブロッコリーに含まれる成分は疲労回復に効果があるとされているので、山登りに適した野菜のひとつである。また、葉ものに比べて密度が高いので、満腹感がある点もよい。そのまま食べてよし、ラーメンの具材に入れてよしなので、山では使い勝手がいい。

●永谷園
お茶づけ海苔
226円+税

汗をかきやすい山では水分補給が大切。そこでおすすめしたいのが、お茶漬けだ。コンビニおにぎりをシェラカップに入れ、お茶漬けの素をかけてお湯を注げばできあがり。山での汁ものは水分補給にもなるし、体を温めてくれるのでとてもいい。

●セブンプレミアム
フリーズドライ豚汁・酸辣湯・かきたま　各98円+税

お茶漬けと同様、フリーズドライ食品のスープ類も山ではとても便利だ。単に飲むだけではなく、例えばそうめんを茹で、そのつけ汁としても活用できる。フリーズドライなので軽い点もよい。定番の味噌汁のほかにも様々な味があるので、お好みでどうぞ。

絶景に感動！
大展望の山

山登りの大きな楽しみといえば、
その山でこそ味わえる絶景です。
家族で絶景を目にすれば、山の思い出もまた深まるもの。
季節にあわせて自然を楽しみましょう。

- 新潟県 **坂戸山**　なんといっても春！　桜とカタクリがすばらしい／4歳～ …… p102
- 群馬県 **谷川岳**　ロープウェイが使える大展望の山／7歳～ …… p106
- 神奈川県 **曽我丘陵**　梅が咲く冬にぜひ！／3歳～ …… p110
- 神奈川県 **幕山**　山麓ではクライミングも！　いつか挑戦!?／4歳～ …… p110
- 茨城県 **筑波山**　ロープウェイでらくらく、歩けばハードの二刀流／4歳～ …… p111
- 茨城県 **奥久慈男体山**　岩稜帯を抜けると驚きの大展望！／7歳～ …… p111

新潟県

坂《さか》戸《ど》山《やま》

モデルルート

六日町駅
▼ 約20分
坂戸山薬師尾根登山口
▼ 約15分
周遊道分岐
▼ 約30分
寺ヶ鼻コース分岐
▼ 約15分
坂戸山
▼ 約50分
坂戸山薬師尾根登山口
▼ 約20分
六日町駅

山麓にある桜並木。戦国武将・上杉家由来の屋敷跡巡りも楽しい

5｜四囲の展望が楽しめる坂戸山。山頂記念写真の背景にあるのは八海山　6・7｜カタクリの群生地では、花を踏みつけないよう注意　8｜眼下には魚沼盆地が広がる。秋には金色の稲穂が波のように輝く

1｜山頂広場にあるお堂。雨宿りに最適。旅の思い出に堂内にあるノートに記帳しよう　2｜稜線上は展望がよい　3｜金城山から巻機山にかけて春には残雪がある　4｜お六の湯は地元民の憩いの場

桜とカタクリが満開のお手軽山

春はお花見ハイキング、秋は眼下に稲穂が輝く展望の山登りが楽しめる山。とくに4月ごろ、足元にカタクリの群生、頭上には桜吹雪が舞う景観はぜひ一度は訪れてほしい。

上越線六日町駅から東に向かって歩く。商店街を抜けると六日町大橋に至るが、手前には無料の足湯・お六の湯(お六とは上杉家臣・直江兼続の幼少期の名前)がある。下山後に立ち寄りたい。

登山口からは急登。ペース配分に注意。すぐに桜並木、カタクリの群生地となる。お花見ハイキングを存分に楽しもう。道中にはベンチもあるので、おやつタイムも楽しめる。並木を抜けると再び急登。階段状の登山道でペースがつかみにくい。背後の景色も楽しみながら8合目へ。休憩に最適だ。さらに急登が続き、山頂直下には鉄の階段が設置されている。山頂広場は展望もすばらしい。八海山、巻機山、苗場山まで望める。

下山路は沢筋をたどる。道中にカタクリの群生地がある。つづら折れの登山道は滑りやすいので注意しよう。

Data

場所：新潟県南魚沼市　時間：約2時間30分

標高差：約470m　対象：4歳～

適期：4月～11月　※冬季は積雪がある

レベル：体力★★★☆☆／技術★★★☆☆

ここがポイント！

カタクリの大群生

坂戸山では、例年4月ごろにカタクリの群生を楽しめる。山麓のほか、山頂から沢筋ルートを少し下った場所の2カ所は圧巻。花のシーズンには多くのハイカーが訪れる。カタクリとサクラはほぼ同時季に咲くことが多いが、その年の積雪量によって開花時季は大きく異なるので、事前に問い合わせておくとよい。

アクセス

往復　［公共交通］

上越新幹線 越後湯沢駅
▼ 約20分 330円 ▲
上越線 六日町駅

往復　［マイカー］

関越自動車道 六日町IC
▼ 約3km 約10分 ▲
坂戸山薬師尾根登山口

※登山口には15台ほど駐車できる。混雑時はディスポートに駐車するとよい

［問い合わせ先］
六日町観光協会☎025-770-1183
南魚沼市図書館☎025-773-6677

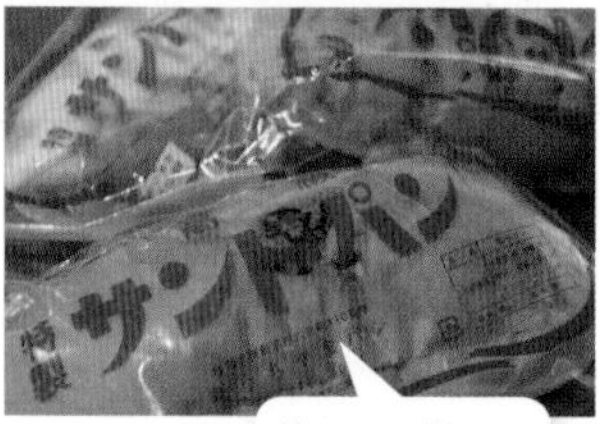

懐かしい味わい！

コンビニ・スーパー

山麓にはセブン-イレブンがあるが、地元食材などに興味があるなら、図書館に隣接するスーパーがおすすめ。地元食材コーナーが常設されており、春は山菜、秋にはキノコなどが並ぶ。

ごほうび

内山パンのサンドパン

六日町大橋に向かう道中左側にある町のパン屋さん。おすすめはサンドパン。ふわふわのパン生地にほんのり甘いクリームが入った郷愁を誘う味わい。バナナ、黒糖など、数種の味があるので、いくつか試したい。「愛」の刻印は戦国武将直江兼続の前立てに由来。パンの販売は平日昼ごろから。9:30～18:00。土曜・日曜不定休。130円～。
☎025-772-2006

トイレ情報

山中にはトイレはないので事前に済ませておくか、登山口にあるトイレを利用しよう。給水施設も設置されているので、水が足りないようなら登山口で補給しておくこと。

十日町へ
浦佐へ
北越急行ほくほく線
南魚沼市図書館
START & GOAL
六日町駅
JR上越線
塩沢へ
17
291
南魚沼市役所
内山パン
お六の足湯
六日町大橋
0:20
坂戸橋
文 六日町小
魚野川
南魚沼市民会館
南魚沼署
スポーツセンターディスポート南魚沼
坂戸山薬師尾根登山口
1
0:15
桜並木
カタクリの群落
ベンチあり
2
周遊道分岐
ベンチあり
薬師尾根コース
3
0:30
急な階段が続く
展望がよい
寺ケ鼻コース分岐（8合目）
寺ケ鼻コース
0:15
550
600
634
坂戸山
大展望が広がる
カタクリの群生
4
急な下りなのでスリップ注意
0:50
南魚沼市
登り始めから急登になっている
山頂直下のカタクリ群生地もすばらしい
山麓で上杉家の史跡巡りをしても楽しい
階段では時に踏み脚を入れ替えるのがコツ
200
400
450
500
N
0
500m

群馬県 谷《たに》川《がわ》岳《だけ》

1｜肩ノ小屋直下から見る上越国境稜線の縦走路
2｜熊穴沢避難小屋先のクサリ場。コース上はクサリ場がいくつかある　3｜山頂直下のササ。光りが当たるとさざ波のように輝く

モデルルート

谷川岳ロープウェイ天神平駅
▼ 約45分
熊穴沢避難小屋
▼ 約45分
天狗の留まり場
▼ 約45分
谷川岳トマの耳
▼ 約１時間20分
熊穴沢避難小屋
▼ 約40分
谷川岳ロープウェイ天神平駅

朝の一ノ倉沢。日本の登攀史に名を残す大岩壁は圧巻だ

ロープウェイを利用して、アルピニズムに触れる

　本格的な登山デビューにおすすめなのが谷川岳。ロープウェイを利用して、標高2000メートル級の山に、３時間ほどで登ることができる。花咲く稜線としても有名で、春から夏にかけては、カタクリ、イワウチワ、ハクサンコザクラなどの高山植物が咲く。また、秋の紅葉も、それに劣らず素晴らしい。

　天神平駅から熊穴沢避難小屋までは樹林帯を行く。クサリ場や岩場を越え、天狗の留まり場あたりからは展望が大きく開けてくる。初心者向けコースとはいえ、森林限界を超えているため、天候判断は慎重に。また、岩やクサリは濡れていると滑りやすいので、くれぐれも注意。初夏には残雪があることもあるので、ルート状況についてはあらかじめ確認し、場合によっては日程をずらすことも考えよう。

　下山後は、ロープウェイ乗り場近くの谷川岳山岳資料館を訪れてみよう。古い山道具の数々、群馬県山岳連盟によるヒマラヤ登頂資料や、昔の谷川岳の様子を写した写真など、日本のアルピニズムの一端に触れることができる。

Data

場所：群馬県みなかみ町	
時間：約4時間15分	標高差：約670m
対象：7歳～	適期：6月～10月
レベル：体力★★★★☆／技術★★★★★	

4　新緑もよいが、紅葉の時季も格別。肩ノ小屋に泊まれば、夕日に映える絶景も見られる

ここがポイント！

アウトドアアクティビティ

谷川岳のあるみなかみ町は、山、森、川という自然の要素が詰まったエリア。ユネスコエコパークにも登録され、キャニオニング、ラフティング、バンジージャンプなど、自然を深く楽しめるアクティビティが充実している。せっかくなので、麓の温泉宿などで1泊し、登山＋αで、さらに充実の自然体験を。

ここがポイント！

一ノ倉沢周遊

登山はちょっとまだ無理かな、と思ったら、ベースプラザから一ノ倉沢を目指すコースはいかがだろうか。マイカー規制がされた舗装道路を歩いて、往復１時間半（例年５月～11月に運行のバス便あり）。ブナの原生林とせせらぎの音が心地よく、雰囲気もよし。一ノ倉沢出合では、迫力の大岩壁に感動しながら、ピクニックを。

アクセス

上越新幹線 上毛高原駅

▼ 関越交通バス 約50分 1250円 ▲

谷川岳ロープウェイ駅バス停

※上野から普通電車を利用の場合、JR高崎線・高崎駅でJR上越線に乗り換え、土合駅で下車。約３時間30分、3080円。ベースプラザまで徒歩約20分（路線バス利用の場合、約10分、210円）。

往復　［マイカー］

関越自動車道 水上IC

▼ 約14km 約30分 ▲

谷川岳ロープウェイベースプラザ

※同ベースプラザには駐車場が併設されている。

［問い合わせ先］
みなかみ町観光協会☎0278-62-0401
関越交通沼田営業所☎0278-24-5151
新治タクシー☎0278-62-3111
谷川岳ロープウェイ☎0278-72-3575

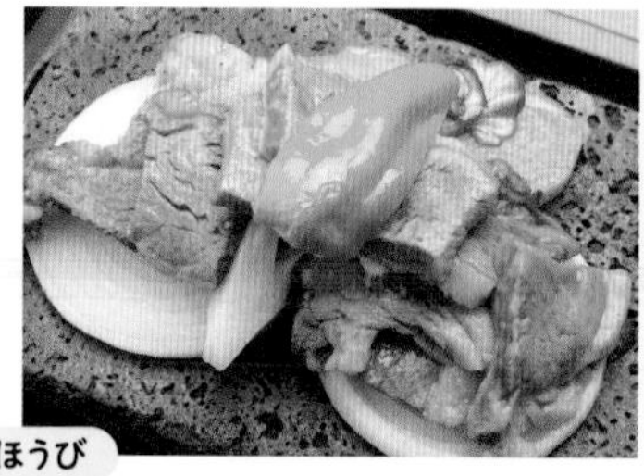

ごほうび

谷川岳ドライブインと角弥

ポップな外観からは想像つかない、ガチなメニューが充実の谷川岳ドライブイン。山菜入りラーメンや赤城牛セット（要予約）のほか、名物の生どら焼きもおすすめ。本格おそばを楽しみたいなら、そば処角弥へ。谷川岳の湧水が育む二八そばに、地元野菜の天ぷらを合わせてどうぞ。8:00～17:00。冬季不定休。
☎0278-72-5223

トイレ情報

谷川岳ロープウェイのベースプラザや天神平駅にある。山中では、谷川岳肩ノ小屋で借りることができる。一ノ倉沢周遊コースでは、一ノ倉沢出合に公衆トイレがある。

コンビニ・スーパー

近辺にはないので、事前に用意しておくこと。

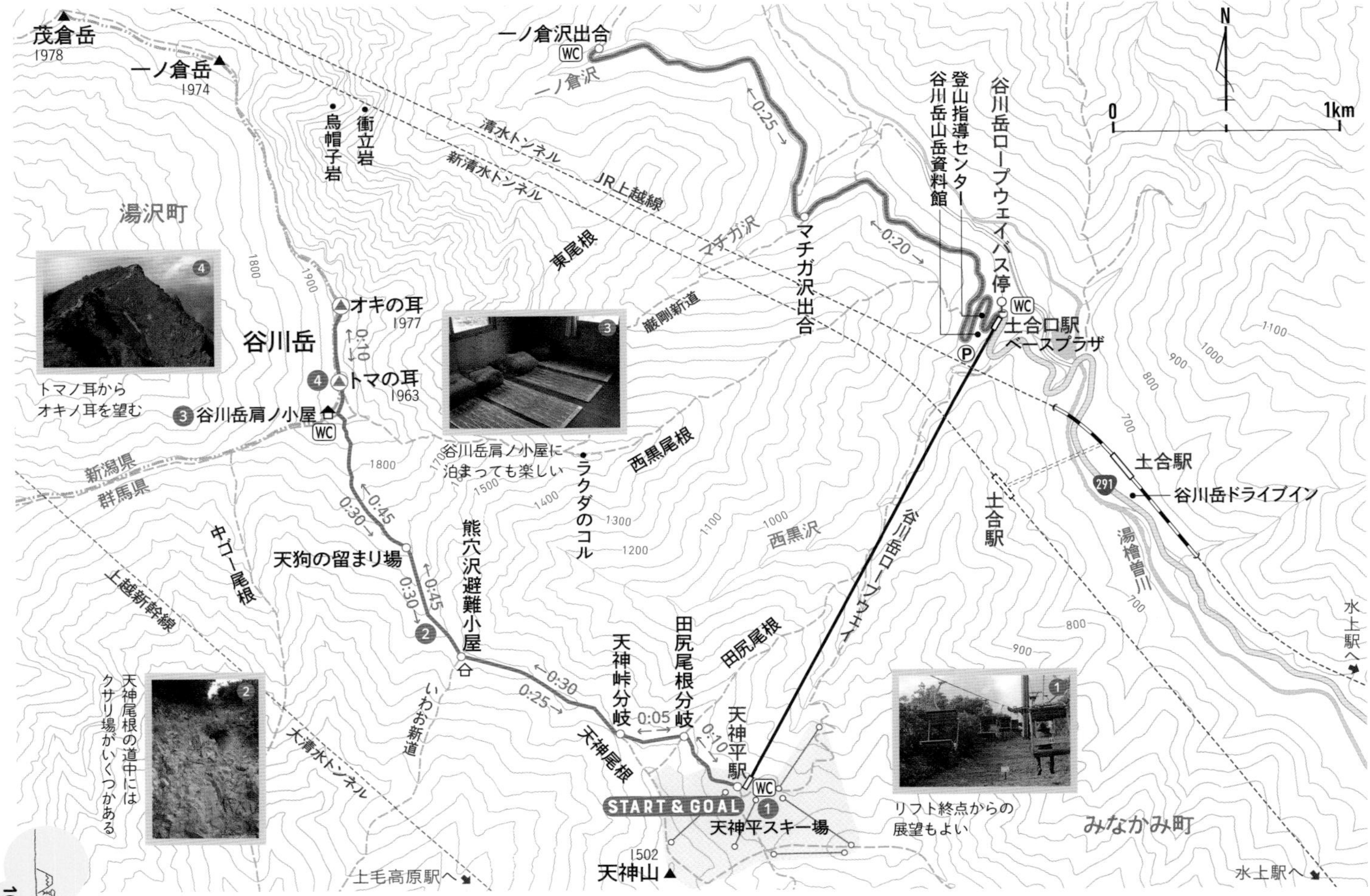

茂倉岳
1978
一ノ倉岳
1974
一ノ倉沢出合
WC
一ノ倉沢
0:25
烏帽子岩
衝立岩
清水トンネル
新清水トンネル
JR上越線
湯沢町
マチガ沢
マチガ沢出合
0:20
谷川岳ロープウェイバス停
登山指導センター
谷川岳山岳資料館
WC
土合口駅
ベースプラザ
P
N
0
1km
1100
1000
900
800
700
東尾根
巌剛新道
オキの耳
1977
0:10
トマの耳
1963
谷川岳
トマノ耳から
オキノ耳を望む
谷川岳肩ノ小屋
WC
谷川岳肩ノ小屋に
泊まっても楽しい
ラクダのコル
西黒尾根
1900
1800
1700
1500
1400
1300
1200
新潟県
群馬県
0:45
0:30
天狗の留まり場
熊穴沢避難小屋
中ゴー尾根
上越新幹線
西黒沢
谷川岳ロープウェイ
土合駅
291
谷川岳ドライブイン
湯檜曽川
水上駅へ
天神峠分岐
田尻尾根分岐
田尻尾根
0:05
0:25
天神尾根
いわお新道
天神尾根の道中には
クサリ場がいくつかある
大清水トンネル
天神平駅
0:10
START & GOAL
天神平スキー場
1502
天神山
上毛高原駅へ
リフト終点からの
展望もよい
みなかみ町
水上駅へ

神奈川県 曽《そ》我《が》丘《きゅう》陵《りょう》

梅林を抜けて海に下るもまたよし

梅林が有名な曽我丘陵だが、稲穂が輝く秋や、新緑の初夏も楽しめる。展望も見事な里山コースだ。舗装道路歩きがメインなのでスニーカーがちょうどよい。下曽我駅にある地図を確認したら、指導標に従って車道を行く。六本松跡手前からは眼下に街並みを一望。一本松跡から、国府津駅へと下れば相模湾に出られる。

数万本の梅が見事な曽我梅林。最盛期の週末は大勢の人で賑わう

［問い合わせ先］
小田原市観光協会
☎0465-22-5002

アクセス

往復　［公共交通］

JR御殿場線 下曽我駅

※海に下山の場合、国府津駅から乗車

Data

場所：神奈川県小田原市

時間：約2時間　標高差：約210m　対象：3歳～

適期：1月～6月、10月～12月　※冬から春がおすすめ

レベル：体力★★☆☆☆／技術★★☆☆☆

神奈川県 幕《まく》山《やま》

広い山頂はランチに最適。梅と展望を楽しむ

伊豆半島の付け根に位置する幕山は、梅林やロッククライミングのゲレンデとして有名。相模湾を一望できる気持ちのよい山頂で、海を眺めながらのランチタイムがおすすめ。初心者向けルートながら、登頂感を味わえる。下山は、南郷山方面へと広い尾根道を下り、自鑑水分岐を左へ。大石ヶ平からは沢沿いを行く。

［問い合わせ先］
湯河原温泉観光協会
☎0465-64-1234
湯河原駅前観光案内所
☎0465-63-4181
箱根登山バス
湯河原営業所☎0465-62-2776

アクセス

往復　［公共交通］

JR東海道線 湯河原駅

▼　箱根登山バス 約20分 260円　▲

幕山公園バス停

Data

場所：神奈川県湯河原町　時間：約2時間35分

標高差：約480m　対象：4歳～

適期：1月～5月、9月～12月　※夏季は適さない

レベル：体力★★★☆☆／技術★★☆☆☆

広々とした山頂からは湯河原の町と真鶴半島を一望できる

[問い合わせ先]
筑波山観光案内所
☎029-866-1616
関東鉄道バス
つくば北営業所
☎029-866-0510

女体山から眺めた男体山。眼下には広々とした関東平野

Data

場所：茨城県つくば市
時間：約3時間　標高差：約660m
対象：4歳～ ※ケーブルカーを往復　適期：1月～12月
レベル：体力★★★☆☆／技術★★★☆☆

茨城県 筑波山《つくばさん》

大展望と茶屋がうれしいお手軽山

男体山と女体山という２つの頂からなる筑波山。山頂直下までケーブルカーで上がることができるため、初めての登山にもおすすめ。茶店の並ぶ山頂駅から、まずは男体山を往復。次に、大パノラマが広がる女体山へ。晴れていれば関東平野を一望できる。下山時は奇岩・怪岩が次々と現れ、楽しませてくれる。

アクセス

往復　[公共交通]

TXつくば駅（つくばセンターバス停）
▼▲ 関東鉄道バス 筑波山シャトルバス 約40分 740円
筑波山神社入口バス停

茨城県 奥久慈男体山《おくくじなんたいさん》

スリル満点の岩稜を越え、大展望の山頂へ！

修験者の行場だったこの山は、ルート自体は整備されているものの、切れ落ちた箇所などがあり、気を抜けない。大円地で一般・健脚コースが分かれるが、クサリ場のある健脚コースに挑戦したい。岩場に自信がなければ、一般コースへ。特に岩が濡れていると滑りやすいので要注意。

[問い合わせ先]
大子町観光商工課☎0295-72-1138
大子町観光協会☎0295-72-0285

アクセス

往復　[公共交通]

JR水郡線 西金駅

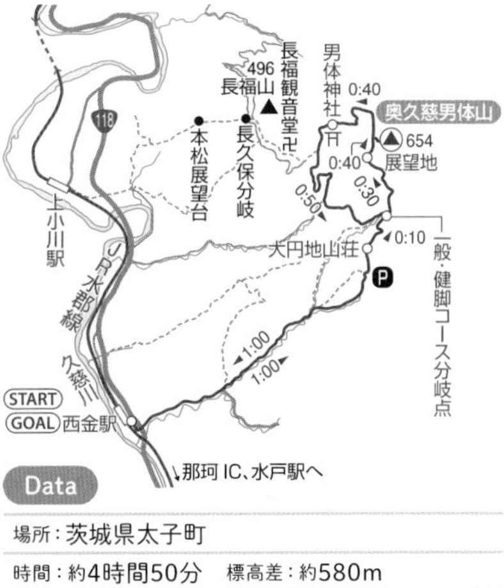

Data

場所：茨城県太子町
時間：約4時間50分　標高差：約580m
対象：7歳～　適期：4月～12月
レベル：体力★★★★☆／技術★★★★☆

山頂南面は切れ落ちており、展望のみならず高度感も抜群

How to use money
賢く お金を使う

子どもと山には行きたいけれど、先立つものはやっぱりお金。なるべく出費を抑えながら、それでも子どもと一緒に思う存分楽しみたい！　そう思うのは親心であり、大人の事情というものです。ここでは、交通、ツアー、山道具、100円ショップの4つの観点から、そのヒントを紹介したいと思います。賢く節約しながら、山にどんどん出かけましょう！

❶ 未就学児こそ山旅へ

多くの交通機関や施設では、未就学児は料金無料の場合が多いもの。これを使わない手はないので、未就学児こそ、出かけることをおすすめします。また、鉄道会社が発行するエリア限定の企画切符もお得です。例えば、小田急線では「丹沢・大山フリーパス」や「箱根フリーパス」があります。往復割引があるほか、指定区間での電車やバスなどの乗り物を自由に乗り降りすることができるので便利です。また、当たり前のことではありますが、繁忙期を避けるという手もあります。小学校以降になると難しくなりますが、保育園や幼稚園に通っている段階では、比較的休みをとりやすいので、5月の連休やお盆時期は避け、できれば平日に出かける方が、安くなるだけでなく、混雑も避けられます。

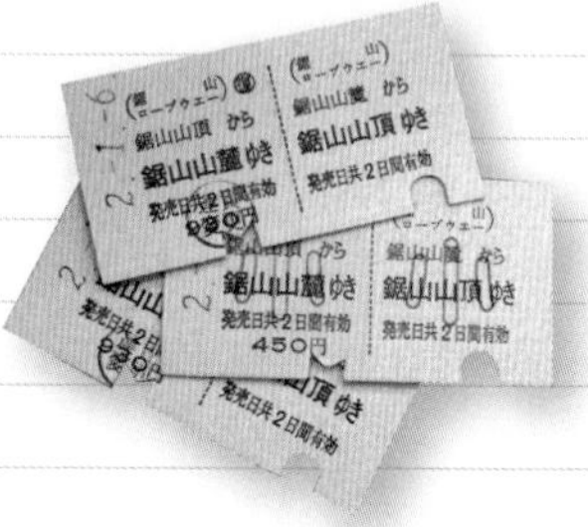

ちりも積もれば山となる、子ども料金

❷ キッズツアーに参加する

登山に関係する旅行会社やメーカー、ガイド会社が実施するキッズツアーもかなりお得な価格設定になっています。こうしたツアーに参加するメリットは、単に出費を抑えられることだけではありません。参加することで、登山技術を学んだり、用具の説明を受けられることも大きな利点になっています。また、ほかの家族と交流することができることも、大きなメリットといえるで

ガイド会社「やまたみ」ではキッズツアーを実施

しょう。とくに、実際の山登りでほかの家族の工夫を目の当たりにできることは、とても有意義だと思います。加えて、子どもの年齢が離れていれば、いらなくなった山道具を譲ったり、譲り受けたりすることもできるでしょう。

❸ レンタルから始める山登り

山道具は機能性が高いのはよくわかるけれど、成長にあわせて一年ごとに買い替えするのは難しい。そんな時こそ、レンタルが便利です。『やまどうぐレンタル屋』であれば、正規の登山メーカー製のものをレンタルしてくれるので、機能性に問題はありません。子どもだけでなく、親の用具が足りなければ、レンタルするのもありでしょう。加えて、洗わず返却できることも大きなメリットだと思います。レンタルという観点でいえば、友人から借りる、というのもひとつの手です。都合よくそんな友人はいないよというのであれば、登山ツアーなどに参加し、仲間を作っていくのが、その先の山登りを含めてメリットがあると思います。

サイズのほか、時季によっては色も指定できる

❹ 100円ショップなども活用

レンタルもいいけれど、よく使うので、自分のものを持ちたい。けれど、いわゆる山道具は高くて……。そんなひともいることでしょう。そこでおすすめしたいのが、100円ショップの活用です。山道具に比べれば機能性や耐久性で劣るので注意は必要ですが、意外と使えるものもあるのです。まずは椅子。①は座る際に便利ですが、③はテーブルとしても使えるのが◎。②は靴だけでなく、衣類などを入れる袋として使えます。レジ袋でも代用できますが、かさかさする音がしにくいので、例えば山小屋に宿泊する時にほかのひとへの迷惑が少なくなるでしょう。④はシリコン製のコップで、小さく畳めるのがとても便利です。

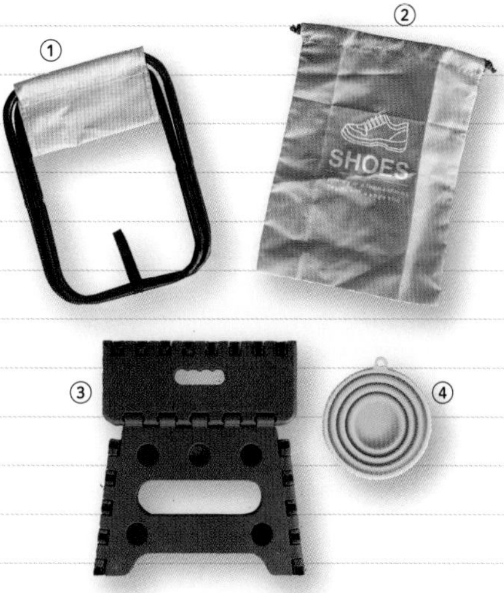

100円ショップには、工夫次第で山登りにも使えるアイテムがたくさんある

Hiker's column 4

役立つ小物

ザック、シューズ、レインウェアなどの登山に直結する用具や、おむつやウェットティッシュ、レジャーシートなどの子どもに関わるアイテムは案外忘れないものですが、小物となると、意外に忘れたり、ないがしろにされることが多いと思います。けれど、じつはそうした小物が山旅を充実させたり、場合によっては生命にかかわったりすることもあるので、山行前に再度確認しておくとよいでしょう。ポイントは、リアルに山行をイメージすること。例えば寒さが予想されるなら手袋や帽子が必要になりますし、紫外線が強いのであれば、リップクリームなども必要となるでしょう。状況に応じて小物を選び、活用することが山旅では重要です。

——コンビニで選ぶならコレ！——

●セブンプレミアム
水に流せる
ポケットティシュー
105円+税

山で使うティッシュペーパーは、山中で落としてしまう可能性を考慮し、水溶性のものを選ぶこと。とくにポケットティッシュは水溶性でないものが多いので、注意が必要。当然だが、使用済みのペーパーは持ち帰ること。水溶性だからといって山に捨てるのはNG。

●トップランド
SV-20　1280円+税

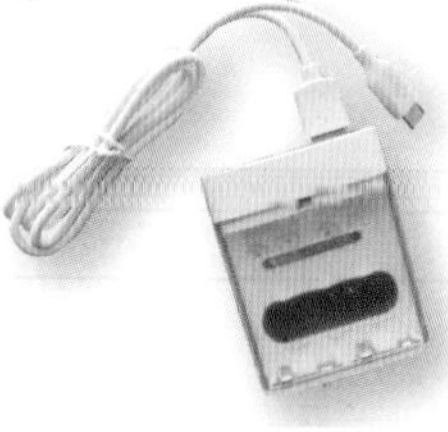

携帯電話のバッテリーが不安になるような1泊の山行では、携帯電話の充電器も忘れずに。多くの山小屋では単三電池を販売しているので、充電器は単三電池のものを選ぶとよい。当然だが、山ではバッテリーセーブモードに設定し、消耗をなるべく避けたい。

●山と溪谷社
ヤマタイム　300円

セブン-イレブン、ファミリーマートに限定されるが、ヤマタイムの地形図プリントアウトサービスもコンビニ活用術のひとつ。プリントできる山域は限定されるが、万が一地図を忘れた時にとても便利だ。高尾、奥多摩、丹沢方面の地図が充実している。A3サイズ。

番外編
いつか挑戦したい山

子どもも山登りが少しずつ好きになってきたら……。
いつか夏休みの大きな目標にしたい山をセレクト。
実力にあわせて山を選べば充実の山旅に。

●山梨県 富士山　いわずと知れた日本一の山。いつかぜひ！／12歳～ ………………………… p 116
●福島県 安達太良山　山で温泉を楽しむ贅沢。山頂からの展望もまた◎／6歳～ ………… p 120
●長野県 にゅう　静かな森から展望の稜線へ。縦走登山の一歩／7歳～ ………………………… p 120
●長野県 涸沢　絶景テラスから楽しむソフトクリームは一生の思い出に／10歳～……………… p 121
●鹿児島県 縄文杉　長いトロッコ道の彼方で出会う縄文杉。家族旅行にぜひ／10歳～ …． p 121

山梨県

富《ふ》士《じ》山《さん》

1｜ベースとなる五合目　2｜さまざまな人たちに人気の山　3｜コインロッカーもうまく活用しよう　4｜つづら折りに登っていく

ご来光を見る登山者たち。見られればラッキーくらいの気持ちで

モデルルート

1日目
吉田口五合目
▼約３時間30分
八合目の山小屋（泊）

２日目
八合目の山小屋
▼約3時間
吉田ルート頂上
▼約50分
剣ヶ峰（標高3776m）
▼約45分
吉田・須走ルート下山道入口
▼約3時間40分
吉田口五合目

いつかは日本一へ！ 富士から始まる山物語

年間20万～30万人が訪れる富士山。コースが整備され、山小屋が多く、登山未経験でも、観光の延長のような気分で挑戦する人が多いのは事実。しかし、高山ならではの注意点があるので、覚えておこう。まずは、高山病。だれか一人でも体調が悪くなったら、決して無理をせず、すみやかに下山を。それから、防寒対策。フリースやダウンはもちろん、ニット帽や手袋も用意しておくこと。防風用のシェルも必携だ。

初めての富士登山なら、いちばん人気の吉田ルートがおすすめ。富士スバルライン五合目から六合目までは、なるべくゆっくり歩き、標高に体を慣らそう。高山病対策のためにも、一気に山頂を目指すのではなく、七合目や八合目あたりで一泊する計画がおすすめ。また、山頂でのご来光にこだわらず、明るくなってから歩きだすようにしよう。吉田ルートのゴールから、富士山最高峰の剣ヶ峰までは、1時間ほど。下山は下山道を行くので、コースをよく確認すること。須走ルートとの分岐にも要注意だ。

Data

場所：山梨県富士吉田市、静岡県富士宮市
時間：約11時間45分（1泊） 標高差：約1500m
対象：12歳～ 適期：7月～9月
レベル：体力★★★★★／技術★★★★☆

5｜週末は大混雑する。石を落とさないように注意して歩こう 6｜山小屋での食事風景 7｜カレーが多いがハンバーグを出すところも 8｜山頂直下は、空気も薄い。一歩一歩ゆっくりと 9｜最高峰の剣ヶ峰

ここがポイント！

コースを変えても◎

吉田ルートに次いで人気の高い富士宮ルート。駿河湾を背にし、富士山の雄大さを存分に味わえる。4ルート中、最も標高の高いところから登り始めるため、高山病には注意。できれば登山口で30分程度滞在してから開始するとよい。登りと下りが同じルートなので、混雑時は譲り合いの精神で。六合目にある宝永山荘で、名物の富士宮やきそばをぜひ！

下山後のお楽しみに

ごほうび

日本一で運試し！

昔から人々の信仰の対象だった富士山。その霊力にあやかろうと、多くの人々が訪れてきた。山頂には、富士山本宮浅間大社の奥宮があり、御朱印やお守りなどの授与も行っている。頑張って登った後に、日本一標高の高いところでお参りすれば、願い事も叶うかも？

アクセス

往復　［公共交通］

新宿駅・横浜駅など

▼ 富士急高速バス ▲

富士山五合目（吉田ルート）

※出発駅、時間、料金については要問い合わせ。例年、7月中旬～9月初旬に運行。旅行会社が催行するツアーバスも多数あり

往復　［マイカー］

中央自動車道 河口湖IC

▼ 約30km 約40分 ▲

富士山五合目（吉田ルート）

※例年8月初旬～下旬はマイカー規制が実施。実施期間中は富士北麓駐車場から吉田ルート五合目まではシャトルバスを利用。詳しくは富士急山梨バスまで。

［問い合わせ先］
山梨県富士山五合目総合管理センター
☎0555-72-1477
山梨県道路公社
富士山有料道路管理事務所
☎0555-72-1311
山梨県立富士北麓駐車場
☎0555-72-9900
富士急高速バス予約センター
☎0465-82-1362
富士急山梨バス☎0555-72-6877

トイレ情報

各山小屋にトイレが設置されているが、山ではトイレの維持に大きな労力を要する。提示された利用料はきちんと払うこと。あらかじめトイレ用の小銭を用意しておこう。

コンビニ・スーパー

五合目で食料のほか、一部ウェアも購入可能。登山中は、各山小屋の売店を利用できる。なかには24時間営業のところも。なので、水や食料は、必要以上に持ちすぎる必要はない。

五合目レストハウスにはコインロッカーもある

出だしは樹林帯を歩く。まもなく森林限界を越える

山頂直下は渋滞が発生する。防寒対策を忘れずに

宝永山荘は町の居酒屋風の雰囲気と味わいを楽しめる

大地のエネルギーと神秘を感じる爆裂火口。ガスのため立ち入りは禁止

福島県 安《あ》達《だ》太《た》良《ら》山《やま》

爆裂火口に圧倒。温泉宿も◎

ゴンドラを利用して１時間半ほどで山頂に立てる手軽さと、雄大な景観が魅力。特に、馬ノ背からみた爆裂火口の沼ノ平は圧巻。紅葉の時季は特に素晴らしい。もちろん、温泉も外せない。日帰りも可能な山だが、低年齢であれば麓の温泉宿、ある程度の年齢なら、温泉のある山小屋・くろがね小屋に宿泊し、ちょっと贅沢に山旅を楽しんでみても。

アクセス

往復　［公共交通］

東北本線 二本松駅

▼ 福島交通バス 約50分 800円 ▲

奥岳登山口バス停（あだたら高原スキー場）

※例年４月～11月に運行。要問い合わせ

［問い合わせ先］
二本松観光案内所
☎0243-22-0785
あだたら高原スキー場（ゴンドラ）
☎0243-24-2141
くろがね小屋
☎090-8780-0302
福島交通
☎0243-23-0123

Data

場所：福島県二本松市

時間：約3時間40分　標高差：約750m

対象：6歳～　適期：5月～10月

レベル：体力★★★★★／技術★★★★★

長野県 にゅう

山、森、池、食のとっておきハイキング

個性豊かな山小屋と多彩なコースが魅力。南八ヶ岳より歩きやすいので、家族連れにもおすすめ。１日目は樹林帯から黒百合ヒュッテまで。翌日は、体力や天気、目的によってコースを決めてもよいだろう。山小屋スタッフにアドバイスしてもらおう。山小屋を巡る食べ歩きも楽しい。通年営業の小屋が多いが、冬季は避けて計画を。

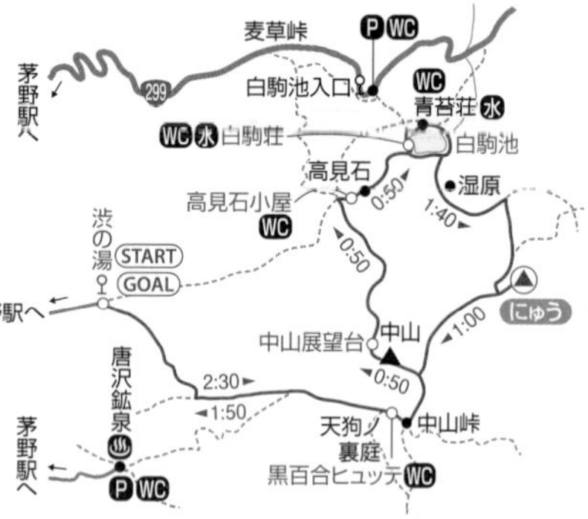

アクセス

往復　［公共交通］

JR中央本線 茅野駅

▼ 諏訪バス 約60分 1150円 ▲

渋の湯バス停

※平日は特定日運行

［問い合わせ先］
蓼科観光協会☎0266-67-2222
アルピコ交通☎0266-72-2151
黒百合ヒュッテ☎090-2533-0620

Data

場所：長野県茅野市・小海町

時間：約9時間30分（1泊）　標高差：約650m

対象：7歳～　適期：5月～10月

レベル：体力★★★★★／技術★★★★★

にゅうは北八穴場の展望台。浅間山から上越国境まで、展望抜群

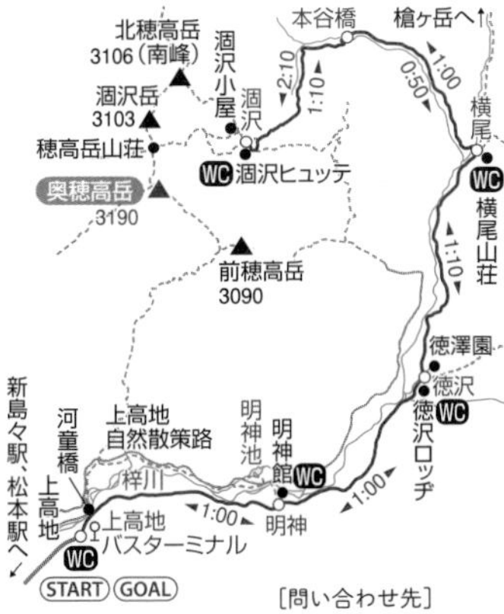

アクセス

往復　［公共交通］

松本駅

▼ 松本電鉄上高地線 約30分 710円 ▲

新島々駅

▼ 松本電鉄バス 約1時間 2000円 ▲

上高地バスターミナル

※新宿から毎日企画サービスなどの直通バスも運行されている

涸沢ヒュッテから涸沢カールを望む。涸沢ではテント泊も可能

長野県 涸沢《からさわ》

涸沢で北アルプスデビュー

穂高連峰へのベースとなる涸沢は、初めての北アルプスに最適。上高地から横尾までの3時間は林道歩き。本谷橋から本格的な登りが始まる。ペース配分が重要なので、休憩や水分、カロリー補給の知識も身につけて。穂高連峰への登山は、いつかの目標にとっておこう。涸沢ヒュッテか涸沢小屋で1泊し、下山しよう。

［問い合わせ先］
上高地ビジターセンター☎0263-95-2606
アルピコ交通☎0263-32-0910
毎日企画サービス☎03-3213-6455
涸沢ヒュッテ☎090-9002-2534
涸沢小屋☎090-2204-1300

Data

場所：長野県松本市

時間：約11時間30分（1泊）　標高差：約800m

対象：10歳〜　適期：7月〜10月

レベル：体力★★★★★／技術★★★★☆

鹿児島県 縄文杉《じょうもんすぎ》

トロッコ道から縄文杉に会いにゆく

屋久島の人気ルートといえば、荒川登山口からの縄文杉探訪。縦走路ではないものの、長時間の歩行を強いられるハードルート。できれば、高塚小屋（無人小屋。夏場は大混雑）で1泊したい。携帯トイレなど、自然環境保護に関する情報は、事前によく確認しておくこと。
レインウェアなど、雨対策も万全に。

アクセス

※例年、3月〜11月は、上記区間でマイカー規制。屋久杉自然館までは路線バス、レンタカー、タクシーなどを利用

往復　［公共交通］

屋久島自然館バス停

▼ 荒川登山バス 約40分 700円 ▲

荒川登山口バス停

［問い合わせ先］
屋久島観光協会☎0997-46-2333
屋久島山岳部保全利用協議会（バス）☎0997-46-3317

1泊すればこんな景色も。朝焼けに染まる赤縄文は荘厳

Data

場所：鹿児島県屋久島

時間：約8時間45分（1泊）　標高差：約700m

対象：10歳〜　適期：4月〜11月

レベル：体力★★★★★／技術★★★★☆

今すぐ使える！

〝山力《やまりょく》〟アップレッスン帳

山経験はないけれど、子どもと山に行ってみたい。
そう思いながら、まだ登ったことがないひとは多いと思います。
ここでは、その一歩を踏み出すための山力を
少しずつ身につけるための基礎知識を解説します。
だれでも最初の一歩はハードルが高いもの。
少し気がまえるくらいでちょうどいい。
そんな気持ちで山登りを始めてみませんか。

きもちいいなあ
あっ
お花だ
いって
らっしゃーい
いってきまーす

Lesson 1 心がまえ

リーダーはあなたです

引率者としての3つの心構え

子どもと山に出かけよう。そう決めた時から親は〝引率者（リーダー）〟としての心がまえをもちたいものです。引率者といってもなにも特別なことをする必要はありません。物事を観察し、それをもとに判断、適切な行動をとるための主たる責任者ととらえればよいでしょう。

つまり、平地と変わらず、子どもにとっての親そのものの役割を山でも果たせばよいのですが、山では平地と異なった類いの危険があり、また、子ども自身もそれを意識していないことに留意が必要です。その意味で、山では、平地以上に引率者としての心構えを強くもつ必要があるのです。

登山中の具体的な心がまえとして、3つの大切な点があります。

第一に最終的な判断は自分が決めるという自覚です。二人親の場合、どちらか一方に決定権があることを事前に決めておくとよいでしょう。もちろん、決定権があるからといって、パートナーや子どもの意見を聞かなかったり、無視したりするということではありません。それらを聞きながら、最終的に決めるのは自分だ、という強い意識をもつことが大切です。

第二に安全を確保するということです。山登りとは、単に山頂に登ることだけを指すものではありません。山に登り、無事家に戻ってこそ山登りは完結します。家を出て戻るまで、気を抜かないこと。山中でのケガは、登山中よりも下山中に起きやすいという事実は、もはや登山を楽しむ多くのひとの常識になっているほどです。

第三に、引率者は盛り上げ役でもあるという自覚です。せっかく山に行くのだから、子どもも親も目いっぱい楽しむのが一番です。そのためには、引率者がパーティ（家族）全体のムード作りをしながら、個々人への配慮を忘れないことがポイントになります。

一方で、自分も楽しむ、という意識も大切に。子どもは親の意識を鋭敏に感じ取ることがあるので、親自身が楽しんでいないと子ども自身も心から楽しめないこともありますし、自分自身が楽しくなければ、そもそも山に登る意欲が上がりません。

子ども目線で計画を立てること

子ども目線とは、例えば子どもがなにに興味を持ち、なにに関心があるかということです。

「普段から子どもに接しているので、自分の子の〝子ども目線〟はよくわかっていますよ」そう思われるかもしれません。けれど、親も子どもも山や自然に慣れていなければ、現場で子どもがなにに興味をもつかは、本質的にわからないものです。

ですから、計画を立てる際に注意してほしいことは、山登りのことだけではありません。船やロープウェイなどの移動や登山中に食べるお弁当、下山後の楽しみなど、家を出てから戻るまでの間で出合うことになるであろうすべての状況です。それらを具体的に想像しながら、行程そのもの自体を楽しめるよう計画を立て、実際に行動するのが肝要です。

また、子どもが興味をもった事柄について、親も一緒に楽しむ姿勢も大切にしたいことです。子どもの興味対象を通じて親が意外な発見をしたり、それがきっかけとなって親子の会話が弾んだりすることは、実際よくあることです。

自然のなかでは、平地ではなかなか得られない様々な発見があります。そうした発見に遭遇するためにも、まずは親こそが、自然のなかで見て、触って、嗅いで……五感を研ぎ澄ませて体験するということを積極的に行うほうが、なにかと実りがあります。

それはつまり、親が〝子ども心〟に戻るということでもあり、それこそが〝子ども目線〟になるといえるでしょう。こうした姿勢はまた、子どもにも自然と伝わっていくものであり、そうした過程のなかで、子どもは親から学ぶことが多々あるものです。子どもは、親の想像以上に〝親の背中〟から学んでいることを意識したいですね。

Lesson 2 年齢

子どもは日々成長します

年齢と個別体力で判断すること

ひとくくりに〝子ども〟といっても、性別や年齢、子どもによって大きく異なることを意識することが大切です。例えば男女差で考えても、大人では男性のほうが女性よりも体力的に上回っていることが一般的ですが、子どもの場合は必ずしもそうとは限りません。

とくに注意すべきは年齢です。単純に身体が成長し、物理的に活動範囲が広がるということだけでなく、思考能力も発展していくので、それぞれの年齢で子どもにテーマや役割を与え、ともに楽しんでいくという姿勢を少しずつ意識していくことも親として必要なことだと思います。

ここでは子どもを大きく年代で区切り、それぞれの年代の特徴と山登りの目的、注意したい点を解説します。どの年代においても日常で気をつけている程度の安全管理は確実に行うこと。その上で、慣れない山では、想定外のことが起きると心得ましょう。

3歳以下は3段階で考える

この年代は一年ごとに大きく成長し、乳幼児、おむつがとれるかどうか、年少時期の3段階に分かれます。

乳幼児の頃は、子どもに自然の息吹を感じさせることを大きな目的とし、自然公園などで四季を感じる程度が安全です。歩きがまだ不安定なので、現実的にベビーカーやベビーキャリー、だっこひもなどで移動することになりますが、とくに温度（暑さ、寒さ）管理には留意してください。

おむつがとれる頃になると歩きも徐々に安定し、現実的な山登りが視野に入ってきます。初めは丘歩き程度から始め、少しずつ標高差を上げていくとよいと思います。コースタイムでいえば2時間程度、標高差は200メートル程度がひとつの目安になるでしょう。

4〜5歳は時に制止も必要

年少〜年中になると、本書で紹介したいわゆる〝山〟に挑戦してもよい頃です。先ほどの指標をもとに始め、少しずつ、時間と標高差を上げていきましょう。また、子どもによっては歩きがかなり安定してきます。番外編（P115）以外の山はおおむね楽しめる年頃でもあるので、子どもにあわせて山を選びましょう。

この時期に注意したいのは、子どもの自意識と歩き自体の安定性がうまくバランスできていないことがあるという点です。本人の気持ちとしては走ってはいけないと思っていても、うっかり好奇心にまかせて走ってしまったり、自分自身では歩けると思っていた場所で、突如バランスを崩して転倒したりすることがあるのです。こうした危険を避けるには、本人の意識とは別に引率者が判断し、時に制止や充分な安全確保をとって歩かせることが必要です。

この際、判断事項として大切なのが、もし走ったとして、もし転倒したとして、重大な危険（例えば崖から落ちる、川に流される）に結びつく可能性がある時には、迷うことなく安全策を講じるということです。

6〜9歳は自己管理の始まり

この年代になると、家族のなかでの立ち位置や自分の好みも明確になってきます。計画の段階から子どもを入れたり、登山中に自分で食べたり飲んだりするもの、ウェア類などは、自分で背負わせるように促します。

これは、「自分のことは自分で管理する」という社会通念を目覚めさせたいという点もありますが、万が一はぐれた時に、自力で生きながらえる最低限のものは自分で管理しなければならないという登山者としての心がまえを育むという意味も大きいです。

10歳以上は登山者の意識で

子どもによっては、親以上の体力があってもおかしくない年頃です。自意識も目覚め、社会性も理解できる頃なので、場合によっては積極的に計画段階から関わってもらうことで山登りが充実します。さらに番外編（P115）の山に挑戦してもよい頃であり、親も子もいわゆる〝山〟に登ることがありうるので、登山者としての意識を強くもちたい時期です。

Lesson 3 チェック

親の現状把握がとても大切です

親の現状を知ろう

引率者は自分だ。子どもを守るのが第一だ。そう思ったとしても引率者本人の体力不足が原因で、逆にパーティ行動を乱す……ではお話になりません。引率者は正しい心構えと同時に、体力がなければ務まりません。

注意したいのが山での〝昔取った杵《きね》柄《づか》〟です。体力があった頃の意識のままで実際に登ったら、山で親自身がバテてしまった。なんて、本末転倒なことが起きてしまうからです。

ですから、家族と山に登る前に、現状の体力を認識することが大切です。そのための目安となるのが〝標高差約400メートル登山〟です。空身で息が上がらない程度の速さで歩き、所要時間を計ります。1時間以上かかったら体力不足。1時間程度で合格ライン。50分程度で歩けたら◎です。もちろん、体力不足だからといって悲観はしないで。体力がないなら自然公園から始めるなど体力にあわせて工夫すればよいのだし、あわせて先ほどの指標を目安に体づくりを始めればよいのです。筋トレも有効ですが、近場でよいのでまずは山に登ること。山の体力は山に登ることでつけるのが王道です。

ネットだけに頼らないこと

パーティの体力、技術を考えながら、場所を選びます。自然公園、丘陵帯、低山などがあります。子どもが小さかったり、親が体力に自信がないのであれば、自然公園から始めるのがベター。体力・技術・経験が伴ってきたら、一段階ずつレベルアップしていきます。

山を調べる際に最も活用するのがネット検索ですが、本書のようなテーマでまとまった書籍があれば、目的に合致した情報がまとまっているので併用することで効率が上がります。

検索で気をつけたいことは、ネット情報だけを鵜《う》呑みにしないことです。ネットは書籍に比べて情報の更新頻度は高いのですが、それでも、掲載情報が必ずしも最新のものとは限りません。とくに近年は集中豪雨や暴風などによる自然災害が多発しており、情報の確度を上げるために現地に直接問い合わせることがとても大切です。また、ネット情報は書き手が主観的に記述している場合があり、複数の情報源に当たることをおすすめします。さらに、バスなどの公共交通を利用する場合には、一般に春と秋にダイヤ改正があるので、問い合わせた方が無難です。

山登りに必要な3アイテム

山登りを始める際に最低限必要な3つのアイテムはシューズ、レインウェア、ザックです。これに水と食べ物、その他必要なものを携行すれば、最低限の山登りはできます。ですが、1日の行動時間が3〜4時間以上となる場合には、携行すべき装備があります(基本装備表参照)。また、本書で紹介の番外編では、季節に応じて保温着などの装備が別途必要となるため、実際に登山する場合は、自分自身で調べてみてください(基本の考え方は共通です)。

基本装備表

品目	必要度	備考
シューズ	◎	登山用シューズがベスト
レインウェア	◎	透湿性防水素材のものがおすすめ
ザック	◎	ベビーキャリーまたは30ℓ程度のザック。ザックカバーも忘れずに
携帯電話	◎	電池残量にも注意。予備バッテリーがあると安心
帽子・手袋	○	冬場はとくに必要
日焼け止め	○	夏場はとくに必要
ヘッドランプ	◎	予備電池も忘れずに
緊急用品	◎	絆創膏、消毒液、虫さされパッチ、薄手のゴム手袋、常備薬など
保温ボトル	○	夏場は氷水を、冬場はお湯を。余力があれば、ガスバーナーなども
着替え	○	子どもの分は1枚多めに持っておくと安心
タオル・手ぬぐい	○	それぞれ2枚程度
水	◎	コースタイムにもよるが、最低でも1ℓは携行
行動食	◎	子どもは想像以上に食べることがある。多めに用意
レジャーシート	○	休憩時や風をしのぐ時など、なにかと使う
ビニール袋	○	最低でも5枚程度あると便利
紙おむつ	△	必要な場合

※凡例　◎：必ず携行　○：あると便利　△：必要に応じて

Lesson 4 山選び

子ども目線の楽しさをものさしに

安全第一。整備された場所から

そもそも、親も子も〝登る前に慣れろ〟に努めてください。具体的には、いきなり山に行くのではなく、まずは自然公園、丘陵帯、観光地の延長にある山など、整備された〝土の道〟を歩くことをおすすめします。なぜなら、普段の生活で、アスファルトの上しか歩いたことがなければ、いきなり岩場やザレ・ガレ場（砂礫《されき》などで滑りやすい場所）が現れる登山道を歩くことはとても危険だからです。

また、整備された場所の、石や土でできたでこぼこ道を歩けば、登山道を歩く時に必要なバランス力や筋力も自然と身に付きます。さらに、一般にそうした場所であれば導標も多く、安心して歩きやすい点も◎です。

具体的な山は、近場で探せればベストです。理由は気軽に手軽に頻繁に歩くことができるからです。とくに〝頻繁に〟が大切で、山登りを始めたいと思うひとは、たくさん登ってみることから始めるのが肝要です。

標高差と行動時間で選ぶ

山登りとは、本質的に垂直方向に行う運動です。ですから、標高差で山を捉えるのがなにかと便利です。あわせて、行動時間も加味すれば、自ずと登れる山が浮かび上がります。

例えば、まだ3〜4歳で子どもの体力に不安があるような時には、標高差でいえば100メートル程度、行動時間は1時間程度の山を選びます。

その意味で、自然公園や丘陵帯であれば、そうした条件に見合う場所は見つけられるはずです。どうしても都合のよい山がなければ、途中で引き返してもよいのです。

慣れてきたら、次にめざす指標は標

高差約500メートル、行動時間4時間です。5〜6歳ともなれば、充分に歩き通すことができる数字です。こうした山にも慣れる頃、子どもも10歳近くになれば、標高差1000メートル、行動時間8時間程度も歩けるようになり、山登りの世界も一段と広がります。

撤退ポイントにも留意

一方で、引率者に留意してもらいたいことが、子どもがケガをしたり、バテたりした時など、不測の事態が発生した際に撤退したり、避難したりするポイントを決めておくことです。

自然公園や丘陵帯などの場合、道が整備されているので、引き返したり、道を変えたりすることは比較的容易です。けれど、いわゆる山の場合、そもそも登山道自体が限られており、また、山頂をめざすというわかりやすい目的があるため、撤退したり、避難したりすることが物理的にも心情的にも難しくなることがあります。

ですから、登山前に、もしなにかの事情で登れなくなった場合、どこで引き返すのかを決めておくのがよいのです。その際、できれば展望台がある、東屋《あずまや》があるなど、ひとつの目標となる場所に設定したほうが、中途半端な挫折感を味わうことなくある種の達成感を得ることができるので実用的です。

目的の山の特徴を知る

山選びの際に大切にしてほしいことは、近場であること、整備された山であること、体力にあわせて標高差と行動時間で山を選ぶことの3点を解説しましたが、これに加えて、最も大切にしたい山選びの基準が、山自体の魅力を知ることです。

これはつまり、その山に、なにを目的に登るのかと同義であり、また、その目的により適期や装備などが大きく変わることにも注意が必要です。例えば、花が見どころの山であれば、なんの花がいつ咲くのかでいつが適期なのかが決まります。あるいは、ちょっとした沢歩きや岩登りの要素が魅力であれば、やんちゃ盛りの子どもにとっては楽しいけれど、子どもによってはそもそも登れないこともあるのです。

山の魅力とは、登るひとにとって良い面と悪い面の両方をもつものなので、数字をベースに山を選びながら、その山の魅力から想定される楽しみや危険を想像することが大切です。あわせて、その魅力をベースに魅力を発展させ、次へとつなげられれば最高です。

Lesson 5 ウェア

子どもは暑さ、寒さに弱いのです

子どもは環境適応能力が弱い

体表面積が小さい子どもは、大人に比べて外界（環境）の影響を受けやすいことを、まずは念頭においてください。そのため、子どもは大人よりも夏は暑く、冬は寒く感じてしまいます。ですから、大人以上に子どものウェアリングには注意が必要ですが、そのために、重ね着（レイヤリング）をすることで対応します。基本的な考え方は以下となります。

重ねる衣類を役割で大きく3層に分け、肌に接するベースレイヤー、保温が役割のミッドレイヤー、外界からの風雪雨を防ぐアウターレイヤーを目的ごとに意識します。以上の考え方をベースに、季節や状況、子どもにあわせて個別対応すればよいのです。

また、実際の山で運用する際の基本的な心がけとして、汗をかく前に脱ぐ、寒く感じる前に羽織ることも覚えてください。以上をふまえ、具体的に3層について考えてみましょう。

ベースレイヤーは速乾性のものを

直接肌に接するベースレイヤーは、速乾性の素材のものを選んでください。なぜなら、汗をかき、それが乾く過程で気化熱を肌から奪うからです。いわゆる、汗冷えですね。とくに、日差しが弱まり、気温が低くなる秋以降は留意が必要です。

具体的な素材でいえば、綿素材はNG。ウールや化学繊維のものを選びます。その上で、夏は冷感のある素材を、冬は保温性のある素材を選べば、より機能的になります。

ミッドレイヤーは保温と通気で

ミッドレイヤーで注意したいことは、適度な温かさを保つ、ということです。

それには次のやり方があります。

ひとつは、運用上の問題です。すでに指摘した通り、汗をかく前に脱ぐ、寒くなる前に着るは基本の脱ぎ着として心がけましょう。歩いている道中、特別に休憩する場合でなくとも、そう感じたらこまめに対応するのがポイントです。

ふたつめは、行動中は通気性の高い保温着を、休憩中は断熱性の高い保温着を着る、というやり方です。具体的な素材でいえば前者はフリース、後者はダウンジャケットになります。ダウンの指標にフィルパワーがありますが、600以上を目安にして選びます。また、登山で使うことを前提にしたダウンを選ぶのであれば、丈が長めでフードがついたものの方が保温性が高まります。

なお、最近はハイブリッド素材もあるので、購入の際はどのような特性をもった保温着なのかを調べ、その特性にあわせて実際の山で運用するのが得策です。

アウターレイヤー

外界からの影響をなるべく防ぐためのレイヤーで、卵でいえば殻にあたる衣類となります。アウターといえば真っ先に雨具を思い浮かべると思いますが、まさにその通りで、雨だけでなく風も防げる万能アウターです。

アウターに求めるべき特性は、防水・防風性と同時に、衣類内のムレを外界に放出させる透湿性です。防水性と透湿性については、選ぶ際の目安となる数字があります。雨を前提としていない日帰りハイキングであれば、防水性は耐水圧10,000㎜以上、透湿性は透湿度8,000g/㎡/24h以上のものを最低ラインとして選びます。いずれも商品タグに表記されていますが、仮に表記がない場合には、そうしたものを選ばないことが大切です。

小物で環境に対応する

まずは帽子について。夏は強い日差しから肌を守るため、ハット型のものがおすすめです。また、頭部からの放熱量は意外に大きいので、冬は寒さ対策のためにニット帽などを用意しましょう。次に手袋です。用途としては、肌を守ることが上げられますが、ほかに冬の寒さ対策もあります。冬の手袋はふだん使っている手袋でも充分ですが、スキーで使う防水性と保温性が両立した手袋を併用するとより安心です。

Lesson 6 登山前
悪天予報の際は入山厳禁

天気予報で気温と風速も確認

山登りの楽しさ、快適さを大きく左右するのは天気です。当然ですが、雨や雪、強風・暴風などが予想される際は入山しないこと。また、たとえ晴れ予報でも、酷暑が予想される際も入山は控えること。山は標高が高いから涼しいという短絡的な発想は危険です。

ここで、覚えておきたい算数があります。風が吹く場合、風速1㎧につき体感温度は約1℃下がること。標高が100メートル上がると約0.6℃下がるということです。例えば真夏で考えてみます。平地（標高0メートル）での気温が38℃、目的とする山（標高1000メートル）に風速5㎧の風が吹いていたとすれば、山頂で感じる温度（体感温度）は何℃でしょう。

38－0.6×10－5=27℃となりますね。確かに標高を上げれば体感温度は下がりますが、27℃という環境の中で山登りをしたら……脱水症状の危険が高いことは想像できますよね。もちろん、この算数は冬でも当てはまるので、天気予報では予想気温と風速に注意し、目的の山の標高から想定される体感温度から、保温着や小物などで対策することが大切です。

それと、天気予報のなかで、キャスターが「猛暑が」「急激な」「この冬一番の」などといった形容詞をつけて解説する場合は、入山を控えるのが無難です。そうしたときは多くの場合、山でもシビアな気象現象に見舞われるからです。加えて、山では平地よりも天気の回復が遅れやすく、悪天も早めにやってくるということも常識として覚えておくとよいかと思います。

失敗しない登山計画の立て方

目的の山が決まり、登山当日の天気もわかりました。ようやくこの段階で、具体的な登山計画を作れます。

まずは、早出早着を心がけましょう。理由は、夏場であれば早朝は涼しいし、冬場であれば日暮れが早いからです。なるべく早い時間(例えば昼過ぎなど)で行動が終了できるよう、計画してください。山中での行動時間はコースタイムの1.5〜2倍をみておくと安心です。子どもと一緒だと、思わぬところで予定変更が充分ありえるので、時間通りにいったら幸いと思うくらいがちょうどよいでしょう。

バスなどの公共機関を利用するならば運行状況を確認し、念のため、管轄自治体などに連絡をとり、登山道状況の確認のほか、あれば現地ルール（入山規制やトイレなど）の最終確認をすることも忘れずに。とくに自然災害の直後は、地元自治体でも現状を把握しきれない場合があるので、その際は入山自体を諦めることも検討してください。

携帯電話は充分に充電しておく

アンテナなどの設置により、この数年で山中での電波状況は大幅に改善されました。また、電話自体の機能性も高まり、写真を撮影したり、SNSを気軽に楽しむこともできるようにもなりました。

こうした状況で注意したいのが、携帯電話のバッテリーです。携帯電話は楽しみのためだけに携行するものではなく、不測の事故の場合や万が一の遭難の際に、最後の通信手段として用いるものだという意識が大切です。

山行前には充分に充電し、山中では、なるべくバッテリーが消耗しないよう配慮し、場合によっては予備バッテリーも持参するなど、充分な対策をしてください。

登山計画は身近なひとに伝えること

明日はいよいよ山登り！　その際、登山計画書（巻末参照）を作成し、管轄警察署などに提出するのがベストですが、最低でも、家族などの近親者には登山計画を伝えておいてください。その際、伝えるべき項目は3つです。

＊どこの山にだれと登るのか
＊どのルートを登り、
どのルートを下山するのか
＊いつ、何時頃に帰ってくるのか

簡単なことではありますが、万が一の遭難の時、この3つがあるかないかでは、雲泥の差があります。口頭でもメモでもよいので必ずお願いします。

Lesson 7 登山中

小股で息が上がらない速さで歩く

子どもと一緒に歩くということ

ベビーカーやベビーキャリーなどに頼らなければならない状況でなければ、子どもと一緒に歩くことをベースに考えてください。逆にいえば、子どもが最後まで歩ける程度の山を選ぶべきだともいえるでしょう。

とはいえ、登山中は子どもにひとりまかせで歩かせないことも肝要です。急坂やガレ・ザレ場では、斜面の下側に引率者はいるようにして、子どもの歩きをフォローします。また、転滑落の危険性が高い場所ではロープなどを使い、安全を確保することも時に必要になります。

そうやって最初から最後まで歩き通すことで、大きな充実感を味わうことができ、次の山登りにもつながっていくので、過剰に子どもの歩きを妨げる行為は控えましょう。

体への負担が少ない歩き方

体格の違いがあるため、同じ高さの段差を越えたとしても、子どもと大人では疲労度が大きく異なります。山では歩幅は小さく、ステップを細かく切ることを引率者は心がけてください。具体的には、普段の歩幅の半分くらいをめざします。

階段では、同じ脚を上げると特定の脚に疲労が蓄積されやすいので、時々ピッチを変えるなどして、特定の脚だけで踏み上がらないよう注意します。石や土でできた道での段差を越える時は、1回で一気に段差を越えるのではなく、登山道をよく観察し、できる限り細かく段差を切れる場所を登ったほうが、疲労が少なくなります。

歩くペースは息が上がらない程度で。具体的には登りながら会話ができるく

らいの速さが適正です。このやり方だと、急登ではぐっとペースが落ちる感じがすると思いますが、それでよいのです。山中での親子の会話も山登りの楽しみのひとつなので、しゃべりながら山を楽しみながら歩きましょう。

下りで注意したいことは、スリップによる転倒です。登山道は細かい砂礫があったり、粘土質で滑りやすい場所があったりと、シューズのグリップが利かない箇所が多々あります。なので、かかとでどしんどしんと下るのではなく、なるべく両足荷重になるようステップを細かく切って下るよう注意します。場所によっては、横向きになったり後ろ向きになったり、あるいは、手を使ったりお尻をついて下ったりしてもよいのです。大切なことは、スリップしないように歩くことです。

休憩はこまめに立ち休憩を

一般的に50分に1回、10分程度の休憩をとるのが基本ですが、子どもと登山するときには、こうした休憩のほかに、立ち休憩や小休憩をこまめに挟む配慮が必要です。

〝マイペース〟をまだ把握できない子どもは、急登ではがんばって息が上がることがありますし、うれしくなって走ってしまうこともあります。その際、引率者は子どもの呼吸を観察し、過度に息が上がっているようなら随時立ち止まり、呼吸を整えたり、深呼吸をするなどして心拍数を落ち着かせます。

同時に水分や飴などを補給することも疲労軽減につながるので、取り出しやすい場所に入れておくと便利です。熱中症に配慮しなければならない時季の登山では、水分と糖質のほかに、塩分補給にも配慮しましょう。

ウェアのページ（P132）でも紹介しましたが、脱ぎ着もこまめに行ない、なるべく汗をかかない、寒くなる前に着るを心がけてください。

荷物の重さは体重の15%程度で

子どもをラクにさせたい。そう思う親の気持ちはわかりますが、山では自分の荷物は自分で持つという意識が大切です。最低でも、防寒着、水、行動食などは、自分のザックに入れさせて、子どもに背負わせましょう。その際、体重の約15%を目安にします。例えば20キロの子どもなら、3キロ程度の荷物は背負ってもらいます。適度な荷物を背負い歩くことは子どもの発育にもよい、というのが今の考え方です。

ミニミニ図鑑

道端がもっと楽しくなる！
春の花

春はなにげない
道端にも楽しみがいっぱい。
人知れず、
ひっそり咲く花を見つけたら、
図鑑を片手に調べてみよう。
知ればもっと楽しくなる
フィールドで役立つ
春の野花の履歴書です。

写真・文＝いがりまさし

湿地帯で見かけることがある

↑葉先に子苗をつけて繁殖する

ショウジョウバカマ｜猩猩袴

低山から高山まで幅広く咲く

●私の性格
ユリ科の仲間ですが、ユリに比べるとずっとずっと控えめです。春の花の中でも花季はかなり早めです。尾瀬や白馬岳など高山にも咲きますが、海岸近くの低山にも咲くオールマイティーながんばり屋です。

●どんなところで会える？
沢沿いを探してみてください。とにかく湿ったところが好きです。湿原のような開けた環境にも、林の中にも湿り気さえあれば咲くことができます。

●自己PR
葉の先に子苗をつけて繁殖することができます。温帯の植物としてはちょっと変わり者です。

7〜8年もかかって花が咲く

↑雪を突き破って出てくるつぼみ

カタクリ｜片栗

片栗粉で知られる早春の花

●私の性格
片栗粉で有名な私ですが、現在の片栗粉はジャガイモからつくられます。種子から芽生えて花が咲くまでに、7〜8年もかかります。太平洋側の雑木林などでも見ることができますが、数が多いのは日本海側の地方です。

●どんなところで会える？
落葉樹林の下が好きです。とくに太平洋側の地方では、北向きの斜面に咲いていることが多いです。

●自己PR
気が早く、まだ雪が解けきらないうちから芽を出して、雪を突き破って出てくるつぼみも見られます。

湿り気のある明るい場所が好き

↑葉のつけ根にある托葉

タチツボスミレ｜立壺菫

全国に分布するスミレの代表

●私の性格
スミレの中ではいちばん普通に見られるのが私です。特徴は、ハート形の葉と薄紫色の花。よく見ると、葉のつけ根にギザギザの托葉（たくよう）と呼ばれる小さな葉があります。これが私の大きな特徴です。

●どんなところで会える？
いたるところで見ることができます。でも、カラカラに乾いてしまう環境は苦手。少し湿り気のある明るい林や田の縁などが好きです。

●自己PR
日本に60種あるスミレのうちで全都道府県に分布する唯一のスミレです。日本のスミレの代表に立候補します！

里や田、都会でも咲く身近な花

↑細長い葉と濃い紫色が特徴

スミレ｜菫

いわずと知れたスミレの本家

●私の性格

細長い葉と濃い紫色。みなさんがスミレを絵に描くとき思い浮かべるのが私ではないでしょうか。万葉の昔から親しまれてきた私ですが、実は学名はmandshurica、中国東北部が故郷なのです。

●どんなところで会える?

明るいところが好きです。山の中よりも、里の道端や田の縁などが好きです。都市のアルファルトの隙間で花を咲かせていることもあります。

●自己PR

時々、私のことをただのスミレと呼ぶ人もいます。それで、タダノスミレという名だと勘違いする人も。

沢の中の苔むした岩の上に植生

↑白い花びらと赤いおしべが目印

ハナネコノメ｜花猫の目

小さいながらも目立ちたがり

●私の性格

ネコノメソウの仲間は緑や褐色のものが多く目立たないですが、私はその中では小さいながらも目立ちたがり。ネコノメソウの仲間には珍しい白い花びら（萼裂片＝がくれつへん）と赤いおしべが自慢です。

●どんなところで会える?

水をかぶるような沢の中の苔むした岩の上が大好きです。足を濡らすつもりにならないと、私に近づけないかもしれませんよ。

●自己PR

近畿地方から西にはそっくりな変種、シロバナネコノメソウが咲いています（少し大型、花びらがとがる）。

白いブラシが最大の特徴

↑花のつけ根から花粉を出す

ヒトリシズカ｜一人静

大勢が好きなお一人様

●私の性格

静御前になぞらえたのが私の名の由来です。でもほんとは大勢でわいわいやるのが好きなんです。名前とは裏腹に数本から数十本が束になって咲いていることがほとんどです。白いブラシのような花は似たものがあまりなくて、すぐ名前を覚えてもらえます。

●どんなところで会える?

雑木林の斜面を探してみてください。腐葉土がたまるところではなく、土が落ち葉をかぶらず露出しているようなところでよく見かけます。

●自己PR

ブラシのような花糸のつけ根に花粉がついています。

開いた花は晴れの日限定

↑根元にお皿のような葉がない

フデリンドウ｜筆竜胆

晴れた日にブルーの花を開く

●私の性格

私は小さな小さな春咲きのリンドウです。地面近くで上を向いて青空のような鮮やかなブルーの花を咲かせます。私に会うには晴れた日に。雨や暗い曇りの日には花を閉じていますからなかなか見つかりません。

●どんなところで会える?

乾いた明るい雑木林を探してください。そっくりなハルリンドウは湿った草地に咲きますので、咲いている場所でだいたい見当がつきますよ。

●自己PR

よく似たハルリンドウは、根元にお皿のような根生葉がありますが、私にはそれがありません。

早春の頃、雑木林の斜面に咲く

↑だらっと垂れ下がった葉が特徴

アズマイチゲ | 東一華

「春の妖精」の異名を持つ

●私の性格
私は、アネモネの仲間です。純白の花は春の妖精みたいだとほめられることもあります。少し寒い地方が好きです。よく似たキクザキイチゲが日本海側に多いのに対して、内陸地方でよく見られます。だらっと垂れ下がった葉が特徴のひとつです。
●どんなところで会える?
雑木林の斜面を探してみてください。花季が相当早いので、うっかりすると花が終わってしまいます。
●自己PR
スプリングエフェメラルの仲間です。花を咲かせると大急ぎで実をつけ、夏には休眠に入ります。

花は2本に限らず1～3本が普通

↑トリカブトと似ているので注意

ニリンソウ | 二輪草

1つの茎から2本の花を出す

●私の性格
林の下に群生します。上高地の風景は有名ですが、高い山でなくとも、沢沿いの林なら見ることができます。1つの茎から2本の花が出ることが多いのでこの名がありますが、実は3本のものも1本のものもあるんです。
●どんなところで会える?
沢沿いの雑木林が好きです。また、開けた草原でも充分な湿り気があるところなら咲いていることもあります。
●自己PR
私は山菜としても人気です。でも、猛毒のトリカブトとよく間違えられるので気をつけてください。

陽春の頃に見られる個性的な花

↑花の色は白または赤紫色

イカリソウ | 碇草

船の碇に似ているのが名の由来

●私の性格
私の自慢はこの個性的な形の花です。船の碇に似ているでしょう? 花の色は白いこともあれば、赤紫色のものもあります。地方によってだいたい決まっています。花季は陽春の頃。花吹雪から葉桜の頃でしょう。
●どんなところで会える?
雑木林で会うことができます。日本海側には常緑の葉を持つ、トキワイカリソウというよく似た仲間が咲いています。
●自己PR
漢方では淫羊藿（いんようかく）という名で呼ばれます。精力剤として古くからよく知られています。

この花が咲いたら初夏も近い

↑田んぼの縁で多く見られる

サワオグルマ | 沢小車

初夏を知らせる水辺の花

●私の性格
春も終わりに近づいたころ、人の膝くらいの高さで花を咲かせます。とにかく明るいのが私のとりえ。私が咲くころになると、初夏の入り口、もう寒さもほとんど気にならない季節になります。
●どんなところで会える?
人里の田んぼの縁で見かけることが多いですが、山間の渓流の縁に咲くこともあります。とにかく、水辺が大好きで、根が水につかるようなところが得意です。
●自己PR
同じ季節に咲くよく似た仲間にオカオグルマがあります。茎に毛が多く、乾いた草原を好みます。

ミニミニ図鑑

たまには上を向いてみよう！木の花

山ではたくさんの木々に出合います。
上をよく見ると花が咲いているかも！
ここでは木の花を少しだけご紹介。

写真・文=おくやまひさし

コブシ｜辛夷

いい香りが漂う木の花

森で多く見かける木で、白く美しい花をつけます。3月〜5月ごろに咲く花は強い香りがあり、人気があります。春を告げる木の花です。

マンサク｜満作

春の訪れを真っ先に告げる

早咲きの木の花で、花びらが黄色く細長いのが特徴。ほかの木よりも早く咲くので、「まずさく」……がマンサクの語源になったといわれています。

アセビ｜馬酔木

かわいいけど、毒がある

山地の林などでよく見かけます。常緑の低木で、スズランのようなかわいい花をつらねてつけます。庭木としても植えられることが多いです。

ウメ｜梅

様々な色や形がある

花の色は、白や紅色などがあり、形も八重咲きなど様々です。早いところだと2月には花が咲きます。初夏の実は梅干しや梅酒に利用されます。

ヤマツツジ｜山躑躅

背の高い、山のツツジ

1〜4メートルほどの木で、山歩き中によく見かけます。枝先に橙色の花がかたまって咲きます。白い花のものは、シロヤマツツジといいます。

ミニミニ図鑑

そーっと観察してみよう！ 里山の虫

山は虫たちが暮らす家でもあります。
畑、川の近く、雑木林の中……
さてどんな虫が見つかるでしょう？

写真・文＝おくやまひさし

モンシロチョウ｜紋白蝶

街でもよく見かけるチョウ

キャベツ畑などに飛んでくる白い色のチョウ。サナギの姿で冬を越します。春は早く羽化して、学校や家の近くにもよく飛んできます。

ナナホシテントウ｜七星瓢虫

上へ向かって、飛んでいく

赤い体に七つの黒い点のあるかわいいテントウムシ。農作物の害虫であるアブラムシを食べます。様々な柄を持ったテントウムシがいます。

ミツバチ｜蜜蜂

巣の中には女王バチがいる

巣の中で、集団で生活します。働きバチはいろんな花から蜜や花粉を集めますが、ハチミツを集めるために巣箱で育てられることもあります。

ベニシジミ｜紅小灰蝶

ハネの模様がシジミガイに似ている

3センチほどのかわいいチョウで、土手などの水があるところによく飛んできます。ハネは濃いオレンジ色で、とても素早く飛びます。

キタテハ｜黄立羽

ハネの表が黄色のチョウ

5センチほどのチョウで、成虫で冬を越します。メスはカナムグラという草の葉にタマゴを産みつけます。暖かい冬の日でも飛ぶことがあります。

御中

登山計画書（届）

所属	緊急連絡先名
団体名	住所
代表者名	電話(昼)
住所	電話(夜)
電話	救助体制

役割	生年月日・年齢	住所	緊急連絡先(間柄)
氏名	性別・血液型	電話・携帯電話(登山時携帯している場合)	電話または住所

山行期間　　年　月　日 ～　　年　月　日　（ほかに予備日　　日）

行動予定		
	月　日	
	月　日	
	月　日	
	エスケープルート（計画変更時の緊急下山ルート）	

基本食料／［朝　食分・昼　食分・夕　食分］　予備食／［朝　食分・昼　食分・夕　食分］　非常食

トランシーバ／　MHZ　台　携帯電話／　台　ラジオ／　台

備考（その他の装備など）

※所属、団体名は山岳会などに入っていなければ記入不要　※目的の山域・山名は具体的に書くこと。例えば「奥武蔵・棒ノ折山」。登山形態とは「ファミリーハイキング」「日帰り登山」「縦走登山」などと記入する　※参加者の氏名で読みにくい場合はふりがなをふる　※行動予定は予定時間、場所などを細かく、具体的に記入する　※登山届は家族に必ず渡し、帰宅日とおおまかな帰宅時間を伝えること　※登山届は管轄の都道府県警察本部地域課にも提出（web上での提出も可）　※持参して、登山口にあるポスト（ない場所もある）に提出してもよい　※下山時の届け出は基本的に不要

親子で山さんぽ

2020年3月24日　第1版発行

企画・制作　木村和也（wa・nal）
表紙撮影　加戸昭太郎
撮影　大沢成二
加戸昭太郎
平山訓生
デザイン　吉田直人
イラスト　なかむらるみ
マップ制作　河合理佳
制作協力　いがりまさし
伊藤賢之輔
伊藤康子
岡野朋之
おくやまひさし
木村 彩
古手川博文
志賀利夫
武田佐和子
谷山宏典
藤原祥弘
宮本絵吏
AKU AKU
東海汽船
ミレー・マウンテン・グループ・ジャパン

ご協力いただいた家族
伊藤家　岡村家　木村家
近藤家　佐々木家　濱永家　谷山家

編集担当　長岡彩香
発行人　横山裕司
発行所　株式会社 交通新聞社

〒101-0062
東京都千代田区神田駿河台2-3-11
NBF御茶ノ水ビル
編集部 ☎03-6831-6560
販売部 ☎03-6831-6622
印刷／製本 株式会社光邦

ISBN 978-4-330-04020-2

木村和也 きむら・かずや

1971年、新潟県生まれ。編集者。出版社勤務を経て、現在、フィールド＆マウンテン発行の登山初心者向けフリーペーパー『山歩みち』の編集人。おもな取得資格に、信州登山案内人、Wilderness Advanced First Aid（2019年）などがある。
http://wa-nal.com/

参考図書
『登山の運動生理学とトレーニング学』（山本正嘉著　東京新聞社）、『赤ちゃんから始めました　親子登山』（新井和也・千鶴著　東京新聞社）、別冊ランドネ『親子でアウトドア！ Vol.2』（枻出版社）